世界の一流ブランドは倫理(エシックス)で成長している

クリエイティブ・エシックスの時代

電通 クリエイティブ・ディレクター
橋口幸生

はじめに

「面倒な時代になった…」

　ビジネスの現場で、そんな風にボヤく人を多く見かけるようになりました。確かに、広告炎上や経営者の失言、芸能人のスキャンダルが連日ニュースで伝えられています。広告やコンテンツをつくるクリエイターや、情報発信をするビジネスパーソンが怖気づいてしまうのは、無理もありません。

　もしあなたが、そんなビジネスパーソンのひとりだったら、どうか安心してください。**現代のビジネス・シーンで、炎上を回避しつつヒット広告やコンテンツをつくれるようになる**ために、この本は書かれました。

　結論から書きましょう。**今、ビジネスパーソンに求められているのは、「倫理観（エシックス）」を持つこと**です。現代社会において、利益や話題性、炎上する／しないといった自分の外にある軸で判断してはいけません。変化のスピードが激しい時代にあっては、「軸」そのものが変わってしまうからです。必要なのは、**「世界を今より良い場所にできるかどうか？」という内面化された倫理観で判断する**ことです。こうしたマインドセットを、本書では**クリエイティブ・エシック**

スと呼びます。クリエイティブ・エシックスを持つことで、炎上などのリスクが減るだけではなく、内容的にも優れたものを生みだすことができるようになります。

「倫理なんて言っていたら、当たり障りのない、退屈なものしかつくれなくなる」…と思われたなら、それは誤解です。確かに、トラブルを防ぐために「やってはいけないこと」を意識する必要はあります。たとえば「性差別的な表現はしない」といった、具体的なリストを作らなくてはいけない場合もあるでしょう。こうした取り組みは一般的にコンプライアンスと呼ばれていると思います。

本書で定義するクリエイティブ・エシックスは、もっと前向きなものです。**「性差別的な表現はしない」がコンプライアンスだとすると、「女性も男性も生きやすい世界をつくるための表現をうみだそう」と考えるのがクリエイティブ・エシックス**です。そして、世界的にヒットした映画やドラマ、熱狂的に支持されるブランド、急成長している企業など、近年のビジネスの成功事例を見てみると、ほぼ例外なくクリエイティブ・エシックスの下でつくられています。コンプライアンスは守りであり、クリエイティブ・エシックスは攻めであるという言い方もできるでしょう。

Compliance

コンプライアンス
=
守り

- 女性差別をしてはダメ
- 人種差別をしてはダメ
- 性的マイノリティを差別してはダメ

Creative Ethics

クリエイティブ・
エシックス
=
攻め

- ジェンダー平等を実現しよう
- 様々な人種のレプリゼンテーションを実現しよう
- LGBTQ+の生きやすい世の中をつくろう

　今、ビジネスパーソンに求められるスキルは多様化しています。企画術やアイデア発想法などのクリエイティブ・スキル。AIやコーディングなどのITスキル。リーダーシップ、交渉術といった人的スキルなど…何から手を付けていいか迷う人も多いでしょう。本書ではまず「クリエイティブ・エシックス」について学ぶことをオススメします。なぜなら、あらゆるスキルの土台になるものだからです。**どんなに高いスキルを持っていてもクリエイティブ・エシックスが無かったら、今の時代に成功することは決してできないでしょう。**それどころか、スタートラインに立つことすら難しいと思います。

私は普段、広告会社のクリエイティブ・ディレクターとして働いています。あらゆるクリエイティブな仕事の中で、もっとも「炎上」を恐れているのが広告クリエイターです。広告を見てもらうためには「おもしろさ」が必要。しかし「おもしろさ」が行き過ぎると、人の気持ちを傷つける。すると、傷つけられた人々がソーシャルメディアで抗議して、炎上する。炎上を防ぐために「これはNG」「これも止めておこう」というコンプライアンス発想で「おもしろさ」を減らしていく。結果、無難な広告ばかりになってしまう…そんなジレンマに現在、多くの広告クリエイターが、悩まされていると思います。**私自身、企画会議なのに企画ではなく、「炎上するかしないか」ばかりを心配している場面に数多く立ち会ってきました。**このような状態では、広告クリエイターは萎縮してしまい能力を発揮できません。しかも、それで炎上を防げるかというと、そうでもありません。私自身、無力感にとらわれながら、目の前の仕事に取り組んでいました。

そんな私の転機になったのは、ある海外広告賞の審査をつとめた経験でした。**そこには全世界から、選りすぐりの広告が応募されます。「おもしろさ」については、折り紙付きのものばかりです。それなのに、炎上しそうなものが一つも無かったのです。**むしろ、ただおもしろいだけではなく、世界にポジティブな変化をもたらし、ビジネスとしても結果を出している広告ばかりでした。

審査会の様子も、日本での企画会議とは全く異なるものでした。審査員の誰ひとりとして、「炎上するかしないか」という次元で広告を見ていませんでした。審査会の視点は、ただひとつ。

「世界を今より良い場所にできるかどうか？」

というクリエイティブ・エシックスだったのです。

「おもしろさ」と「炎上」の二律背反でモヤモヤしていた私にとって、これは大きな気づきでした。世界の広告クリエイターは、誰もそのような小さなものの見方にとらわれていなかったのです。**「ジェンダー、人種差別、気候変動など、世界にはさまざまな課題がある。広告クリエイティブはそれらの解決に貢献し、素晴らしい世界をつくることができる」**というクリエイティブ・エシックスが、審査員全員の共通認識でした。

　世界を今より良い場所にする…と聞くと、綺麗事・理想論だと思われるかもしれません。**しかしよく考えると、これはビジネスの世界では、すでに当たり前になっている考え方です。**今日、パーパス経営やDEI、SDGsが注目され、利益だけではなくソーシャルな存在価値を追求する企業が評価されるようになりました。消費者も企業に多様性や環境問題への貢献を求めています。時代が変化する中、広告に求められる

役割も変化しています。こうした広告の置かれた環境の変化と、いまだに前時代的な「おもしろさ」を追い求めがちな広告クリエイターの意識のズレが「炎上」を生んでいるのです。

　著名で実績のある人が「コンプライアンスを気にしすぎていては、おもしろいことはできない」といった発言をすることもあります。しかし、真に受けてはいけません。**こうした人は過去の成功に縛られるあまり、自らの価値観をアップデートできていないのです。**時代が変われば、何をおもしろいと感じるかも変わります。今の生活者はビジネスパーソンよりはるかに時代の変化に敏感です。そして「おかしい」と思ったことには沈黙せず、声を上げます。

　広告以上に「おもしろさ」が求められる映画やドラマの世界でも、それだけでは成功できなくなっています。**この事は、アカデミー賞の受賞作を見ると、よくわかります。近年の主要部門の受賞作は、ほとんど例外なく、ジェンダーや人種、移民問題など、社会的なテーマを扱った作品になっています。**かつて高齢白人男性の賞と批判されたアカデミー賞が、今や「世界を今より良い場所にできるかどうか?」という視点の映画賞になっているのです。

　こうした状況を「行き過ぎたポリコレ」と揶揄する声もあります。**作品性以上に、ポリティカル・コレクトネス＝政治的に正しい、人種や性別、年齢などによる差別を無くすこと**

を重視している、というわけです。しかし、**芸術性を評価するアカデミー賞だけではなく、商業的なエンターテインメント映画であっても状況は同じです。**一番の具体例は『ワイルド・スピード』シリーズでしょう。レースカーと大爆発にまみれて気づきにくいのですが、『ワイルド・スピード』の主要キャストは非白人で、男性以上に女性が活躍し、監督はアジア人です。いわばポリコレの塊のような映画ですが、日本を含む世界中で大ヒットしていることは、皆さんご存じの通りです。

　私自身、今では広告クリエイターとして「世界を今より良い場所にできるかどうか？」というクリエイティブ・エシックスで仕事に取り組むようになりました。幸いなことに、いくつかのヒット作にも恵まれました。現在も国内外の大企業と、複数のプロジェクトを進めています。「炎上するかしないか」という小さな悩みにとらわれることは無くなりました。

　繰り返します。**ビジネスにおける判断を「世界を今より良い場所にできるかどうか？」という視点で行うマインドセットを、本書では「クリエイティブ・エシックス」と呼んでいます。**しかし、ただ漠然と「世界を良くするぞ！」と意気込んでいるだけでは、世界を良くすることはできません。必要なのは、具体的な知識です。人権、ジェンダー、多様性、セクシュアリティ、気候変動など…カバーしておくべきテーマは無数にあり、かつ、日々アップデートされています。キャ

ッチアップするのは簡単ではありません。しかし、心配することはありません。

> **クリエイティブ・エシックス**
>
> 世界を今より良い場所にできるかどうか？
> という視点で物事を判断するマインドセット

そのために必要な知識

人権／ジェンダー／多様性／セクシュアリティ／気候変動…

クリエイティブ・エシックスで変わるのは、ビジネスだけではありません。どんな人も程度の差こそあれ、世界に対する無意識の偏見＝アンコンシャス・バイアスがあります。クリエイティブ・エシックスを持つことは、そうした偏見を自覚し、捨てることでもあります。**ビジネスでもプライベートでも、いつもの風景が全く違って見えるようになり、新鮮な驚きにあふれた毎日を送れるようになるのです。**

面倒な時代になった？

いいえ。

クリエイティブ・エシックスを持つ人にとって、今ほどエキサイティングな時代はないのです。

目次

はじめに —————————————————————— 002

第1章
現代クリエイティブの主流である
「クリエイティブ・エシックス」———— 017

01. 海外アワードからはじまった
「クリエイティブ・エシックスの時代」 —————— 018

02. 「おもしろさ」の定義は変わる ————————— 021

03. クリエイティブ・エシックスと過激さは両立できる
事例①Netflix ———————————————————— 024

04. クリエイティブ・エシックスと過激さは両立できる
事例②映画『マッドマックス』———————————— 028

05. クリエイティブ・エシックスは
一過性の流行ではなく、不可逆的な変化 ——— 032

第2章
なぜ今、クリエイティブ・エシックスの
時代なのか? ————————————————— 035

01. 1960年代〜90年代「先駆者」の時代 —————— 036
Levy's「ユダヤ人じゃなくても」ポスター／アメリカン・エキスプレス「自由
の女神像・エリス島 修復キャンペーン」／オリビエーロ・トスカーニによる
「BENETTON」

02. 2000年代 非営利団体の時代 ——— 048

Truth 反喫煙キャンペーン (2001) ／UNICEF & Volvic「1ℓ for 10ℓ」プログラム (2005~2016) ／UNICEF「TAP PROJECT」(2007) ／Dove「Evolution」(2007)

03. 2010年代前半
非営利組織からブランドの時代へ ——— 057

フィリップ・コトラー「マーケティング 3.0」(2010) ／Twitterの普及／SDGsの登場 (2015) ／VOLVO UK「Life Paint」(2015)

04. 2010年代後半から現在　政府からブランドへ —— 062

ドミノ・ピザ「Paving For Pizza」(2018) ／ソーシャルグッドへの批判／Nike「Dream Crazy」(2018)

第3章

人権 ——— 073

01. 人権は法律である ——— 074

02. 人権は国際社会のOSである ——— 076

03. AIも人権で動いている ——— 078

04. 近現代史は人権拡張の歴史である ——— 080

05. 世界えん罪の日 新聞広告 ——— 082

第4章

ジェンダー —————————————— 089

01. 広告とジェンダーバイアス —————————— 090

02. セクシャル・オブジェクティフィケーション ——— 092

03. Libresseが描く、女性の身体と性のリアル —— 094
「#Bloodnormal」(2017) ／「Viva la Vulva」(2018) ／「#womb stories」(2020)

04. 子どもとジェンダーバイアス —————————— 102

05. Always「Like a girl」(2015) ————————— 103

06. ITOCHU SDGs STUDIO 「キミのなりたいものっ展? with Barbie」(2023) —— 104

07. ルッキズム ——————————————————— 108

08. Dove「Real Beauty Campaign」—————— 112
2004年にキャンペーン開始／「Daughters」から「Evolution」へ／「Real Beauty Sketches」(2013)／テクノロジーと美しさ／「Reverse Selfie」(2021) ／「#TurnYourBack」(2023)

09. 男性にとってのジェンダー問題—————— 120
有害な男らしさ／Gillete「We Believe: The Best Men Can Be」(2019)／PANTENE「#DADDO」(2016)

10. 男 vs 女を超えて ——————————————— 131

第5章
多様性 —————————————————— 135

01. 表象の多様性 ————————————— 137
映画におけるレプリゼンテーション／「ホワイトウォッシュ」の問題／時代劇が世界的ヒット作になる時代／レプリゼンテーションの社会的重要性／障害者のレプリゼンテーション／Channel4「Meet the Superhumans」(2012)／Channel4「We're the Superhumans」(2016)／Channel4「SUPER. HUMAN.」(2021)／Channel4「Considering What?」(2024)／日常的レプリゼンテーション／CoorDown「Integration Day」(2012)／日常的レプリゼンテーションは広告最大の力

02. 組織の多様性 ————————————— 169
「世界ダウン症の日」新聞広告 (2021)／アメリカが大国でありつづける理由／なぜCIAは同時多発テロを防げなかったのか／DEGIRO「Pink Chip」(2024)

03. マイノリティ vs マジョリティを超えて ———— 181

第6章
セクシュアリティ ————————————— 185

01. セクシュアリティと知性が
結びついていた古代ギリシャ ——————— 188

02. 明治以前の日本の、おおらかで
開放的なセクシュアリティ ——————————— 190

03. セクシュアリティを罪と考えたキリスト教 ——— 191

04. セクシュアリティを「権利」ととらえる現代社会 — 194

性と生殖に関する健康と権利（SRHR）／性の権利宣言／「セクシュアリティは権利」から社会をとらえ直す

05. DoorDash「Self Love Bouquet」(2023) —— 204

06. Relate「The Joy of Later Life Sex」(2021) —— 207

07. 包括的性教育とは —— 210

08. Whisper「The Missing Chapter」—— 212

09. インドが生んだヒーロー「パッドマン」—— 214

10. 日本における権利としてのセクシュアリティ —— 217

第7章
気候変動 —— 221

01. 国連気候変動枠組条約締約国会議（COP）—— 224

02. 気候変動訴訟 —— 227

03. ツバル政府「The First Digital Nation」(2022) - 230

04. Solar Impulse Foundation
「Prêt à Voter」(2022) —— 233

05. Suncorp「One House to Save Many」(2022) - 235

06. 広告の使命は「希望の提示」—— 238

第8章
バックラッシュを超えて —————— 243

01. 顕在化するソーシャルメディアの負の側面 —— 246

02. 人権のダブルスタンダード ———————— 247

03. それでも、人権は国際社会のOSであり続ける — 249

04. 日本も、クリエイティブ・エシックスの時代へ — 251

おわりに ————————————————— 257

参考文献・資料 ————————————————— 262

凡例　CD：クリエイティブディレクター
　　　CW：コピーライター
　　　AD：アートディレクター

第1章

現代クリエイティブの
主流である
「クリエイティブ・エシックス」

01. 海外アワードからはじまった「クリエイティブ・エシックスの時代」

　広告からエシックス（倫理観）という言葉を連想する人は、あまりいないでしょう。美男美女や人気者が笑顔をふりまき、商品をPRしてくる。多くの人が広告に持つイメージは、そんなところだと思います。私自身、広告クリエイターとして働き始めた直後は、ただ「おもしろい」広告をつくろうと思っていました。「世界を良くしよう」などという意識は、全くありませんでした。

　そんな私の意識が変わるきっかけになったのは、カンヌライオンズという海外広告賞[1]でした。もっとも権威がある広告クリエイティブのアワードであり、全世界の広告業界に大きな影響を与えます。そのカンヌライオンズが2007年、元アメリカ副大統領であり、現在は環境活動家として活躍するアル・ゴアをゲストに招いたのです。前年、アル・ゴアはドキュメンタリー映画『不都合な真実（An Inconvenient Truth)』に出演し、地球温暖化に警鐘を鳴らしたことで大きな注目を集めていました。同じ2007年にはノーベル平和賞を受賞しています。**アル・ゴアはカンヌのスピーチで、環境問題を解決するために広告の技術を使うよう呼びかけたのです。**

---

1. 当時は「カンヌ国際広告祭」という名前でした。2011年に現在の名称に変更したのですが、本書では「カンヌライオンズ」表記に統一します。

一方、アル・ゴアは同じスピーチで、**時に「下品」で「搾取的」である広告業界に社会善に取り組むよう求めることは皮肉**であるとも付け加えています。手厳しい言葉ですが、確かにそう言われても仕方のない部分が、広告にはあります。たとえば、広告はジェンダーのステレオタイプを再生産し続けてきました。サラサラの髪、シミひとつない肌、スリムな体型など…広告に登場する非現実的な女性像に憧れるあまり、現実の女性が自分の身体をポジティブに捉えられない問題が起きています。「女性を搾取している」と言われても、全面的に否定することはできません。

しかし、そんなゴア発言へのアンサーのような広告が、同じ2007年のカンヌライオンズでグランプリを受賞しています。**ビューティーブランドのDoveによる「Evolution」というCMです。**

CMは、女性が撮影現場を訪れる場面で幕を開けます。女性はメイクアップされ、別人のようになります。しかし、それだけではCMは終わりません。次は女性の顔写真が撮影され、フォトショップで加工されます。顎が削られ、目は拡大され、首は伸ばされ、別人のように変身してゆきます。そして、ゴージャスな「広告モデル」の見た目になった女性の看板が、街に掲げられるのです。CMの最後には、次のようなキャッチフレーズが登場します。

「私たちの美の認識が歪められているのは、無理もありません」

「Evolution」はフィルム部門のグランプリを受賞しました。これは2007年における、世界の広告を代表する作品として、最大の評価が与えられたことを意味します。

Doveの担当者が、「ゴージャスな美女モデルを起用したら怒られるから、止めておこう…」と、嫌々この広告を作ったとは思えません。**CMから感じられるのは、「ステレオタイプな美のイメージをあらためて、女性が生きやすい世界にしよう」という、作り手のポジティブな想いです。これがクリエイティブ・エシックスなのです。**

Doveはその後も「Real Beauty Campaign」と銘打って、女性のありのままの美しさを肯定する広告を続けています。Doveだけではなく、今やその他の大手ビューティーブランドもステレオタイプな美にとどまらない広告をつくるようになりました。**たとえば2020年には、GUCCIがマスカラ「L'Obscur」の広告に、ダウン症のモデル、エリー・ゴールドスタインを起用しました。**この広告は当時、GUCCIのInstagram史上最多のいいね！を獲得しています。PANTENEはトランスジェンダーの人が自分らしい性別の外見で就職活動をすることを応援する「#PrideHair」というキャンペーンを実施。こちらも大きな支持を得ています。

その他のカテゴリでも、今やカンヌライオンズを受賞するような世界的なヒット広告で、クリエイティブ・エシックスに基づいていないものは、ほとんど見かけなくなりました（詳しくは後ほど解説します）。

02. 「おもしろさ」の定義は変わる

「倫理なんて綺麗事を言っていたら、おもしろいものはつくれない」といった批判を、少なからず目にします。

恥を忍んで告白すれば、私自身、「Evolution」をリアルタイムで評価できていたかというと…そうではありません。広告としてあまりに地味で、「これがグランプリなの？」と困惑していたというのが正直なところです。私だけではなく、周囲の同業者の反応もおおむね似たようなもので、手放しで絶賛する声は皆無でした。

参考までに、当時カンヌライオンズでどのような広告が「おもしろい」とされていたのか、別の事例を見てみましょう。「Evolution」の前年、2006年に**オーストラリアの男性用デオドラント**が、ブランド名を冠した**「男の夢の航空会社」**を**つくるというキャンペーンを実施しました。**

キャンペーンのターゲットは17歳から25歳の男性です。調査すると、これは男性が初めて海外にひとり旅に出る年代と

いうデータが得られました。「男の夢の航空会社」というアイデアは、このインサイトに基づいています。

　テレビCMでは、ミニスカートと胸元を強調した制服を着たCA達が登場。機内で男性客に添い寝、マッサージなどをする様子が描かれます。CA達はCMに留まらず実際に街に繰り出し、通りすがりの男性にブランドのチラシを配って回りました。チラシ記載のURLにアクセスすると、本物そっくりに作り込まれた航空会社のサイトが登場。申し込みフォームに入力してマイレージ会員になると、航空会社のラウンジ風にデザインされたイベント会場に招待されます。そこでもマイレージを受けられたり、CAと写真を撮ったりできる…というのが、キャンペーンの全体像です。もちろん、これは架空の航空会社ですが、まるで実在するかのようにディテールまで作り込まれています。テレビ、サンプリング、イベントなど複数のメディアを巧く使っていて、キャンペーンの構造自体は今見ても良くできています。結果、このブランドの市場シェアは大きく向上しました。数多くのアワードも受賞しました。大成功と言っていいでしょう。

　このキャンペーンに限らず当時の海外広告では、性的に露骨な表現が「過激」としてもてはやされる傾向がありました。**しかし、今同じことをやったら、炎上どころの騒ぎでは済まないでしょう。**そういう意味では、クリエイティブ・エシックスが求められる現在、「男の夢の航空会社」のような「お

もしろさ」の広告はつくれなくなりました。

「男の夢の航空会社」は、異性愛の男性という限定された
ターゲットに向けられたアイデアです。女性はただただ性的
な対象物として描かれており、今となっては女性差別を助長
する広告と捉えられる内容です。男性をターゲットにした広
告なのだから、男性が楽しめればそれでいい。女性のことま
で考える必要はない…という擁護の声があるかもしれません。
確かに、これが男性向けのグラビア雑誌などのコンテンツで
あれば、問題にならないでしょう。しかし、不特定多数が目
にする広告には、一定の公共性が求められます。**広告は企業
の商業表現であると同時に公共物なのです。**

　私はこの広告を批判しているのではありません。2006年
時点では「男の夢の航空会社」は確かにおもしろく、高く評
価されて然るべき広告だったのです。それは否定されるもの
ではありません。**重要なのは、現代社会は変化が速く、「お
もしろさ」の定義も日々、変化しているという点です。**

　かつてはジェンダーに代表されるアンコンシャス・バイア
ス＝無意識の偏見を気の利いた形でなぞることが、「おもし
ろい」とされていました。そうした時代を経て今では、「**そ
れって、違うんじゃない？」とアンコンシャス・バイアスに
疑問を投げかけることを「おもしろい」と感じるように、社
会が進歩したのです。**

…とはいえ、「Evolution」が優等生的で物足りないという意見は、理解できます。もっとハメを外した過激な表現も見たくなるのが、人間の自然な感情というものでしょう。安心してください。**クリエイティブ・エシックスと過激さは、充分、両立できます。**ここからはいったん、広告を離れて、エンターテイメントの世界を見てみましょう。

03. クリエイティブ・エシックスと過激さは両立できる事例①Netflix

近年、映像の世界でイノベーションをリードしているのが、動画配信サービスの先駆者であるNetflixです。『ストレンジャー・シングス』『イカゲーム』『全裸監督』『サンクチュアリ―聖域―』などなど、国内外の人気作を多数擁しています。どれも日本の地上波テレビ局では決してオンエアできないであろう「過激」な作品ばかりです。

そんなNetflixが、グローバル企業として重要視しているのが「多様性」です。公式サイトには、次のように記載されています。[2]

| 多様性と包括性は、私たちの革新性と創造性を引き出しま

2・3.NETFLIX Jobs内コンテンツ「Inclusion & Diversity - Stories That Reflect Our World」を筆者訳

す。異なる経験や視点を持ち込むことで、新しい方法で問題を解決し、現在および将来のメンバーをより良く楽しませ、世界に影響を与えることができるのです。

噛み砕くと、「**多様なバックグラウンドの人々が制作に関わることで、多様なエンターテイメントを作り、視聴者を楽しませることができる。そして、世界を変えられる**」ということでしょう。Netflixのクリエイティブに対するスタンスは、クリエイティブ・エシックスそのものです。

しかし、これだけでは多様性を重視しているとは言えません。今どきどの企業も「わが社は多様性を重視しています」と口では言います。しかし、実践できているかどうかは別問題です。「女性を応援します！」と言いながら、経営陣が男性ばかりだったりする会社を、あなたも見たことがあるのではないでしょうか。

その点、Netflixは宣言にとどまらず実践も徹底しています。アメリカで制作された自社の作品がどれだけ多様かを調査し、発表しているのです。以下は2023年の調査結果です。[3]

主演俳優の男女比率が均等化:
2018年から2021年の作品の55％で、女性が主演または助演を担当。

有色人種の主演俳優が増加:

2020年から2021年の作品の47%において、過小評価されている人種・民族グループの俳優が主演または助演を担当。

製作スタッフの女性の割合が増加:

2021年に興行収入上位を記録したアメリカ映画のうち、監督が女性であった割合が12.7%であったのに対し、Netflix映画では26.9%。

また、2021年のシリーズ作品においてクリエイターが女性であった割合は38.1%で、2018年の26.9%と比較して大幅に増加した。

有色人種の女性キャスト・スタッフの大幅な増加:

2021年のシリーズ作品のうち、監督が有色人種の女性であった割合は11.8%で、2018年の5.6%から大幅に増加。

2021年に配信された27.7%の映画と54.7%のシリーズ作品で、有色人種の女性が主演または助演を担当。

調査ではこうした良い結果だけではなく、ラテンアメリカ系、中東・北アフリカ系、先住民族、ハワイ先住民・太平洋諸島民といった特定の人種や民族グループ、障害のあるキャラクターの起用がまだまだ少ないという課題も指摘されています。

こうした課題を解決するために、Netflixは「Netflixクリ

エイティブ向け創造支援基金」を設立。多様なバックグラウンドのクリエイターがNetflix作品の制作に参加できる機会を提供しています。これまで、イギリスの『クイーン・シャーロット ～ブリジャートン家外伝～』や、フランスの『Lupin／ルパン』、ナイジェリアの『ブラッド・シスターズ』、カナダの『バト・ミツバにはゼッタイ呼ばないから』、アメリカの『デイ・シフト』『レベル・ムーン』など、世界中のNetflix作品の制作に、基金の研修生が参加しているそうです。

インド系移民の両親のもとイギリスに生まれた私は、ザンビア、そしてアメリカで育ちました。その中で気づいたのは、大好きなTV番組や映画の登場人物たちに自分と似た人がいないこと、そして自分が経験したような物語を語る人もいないということでした。

（中略）

私は今、世界中のクリエイターたちと一緒に新しい物語を世に送り出し、その声を届けることにワクワクしています。その中で、まだ私たちに届いていないのはどの声なのかを理解することはとても重要だと考えています。

　これはNetflix最高コンテンツ責任者のベラ・バジャリア氏のコメント[4]です。

---

4. NETFLIX ニュースレター「着実な一歩を：映画・シリーズ作品の多様性に関する最新調査とNetflixクリエイター向け創造支援基金の近況について」

このような多様性の重視を、「ポリコレの押し付け」と揶揄する声があります。しかし、Netflixは全世界を相手にビジネスをしているグローバル・ブランドです。国籍、言語や性別、肌の色、障害の有無など、多様な人々を顧客にしています。多様な視聴者が「これは私の物語だ」と感動できる作品をつくることが成長につながるので、そのための体制を整えています。ビジネスとして当たり前のことを、Netflixは実践しているのです。**かつてのハリウッド映画のように、全世界に公開される超大作なのに白人の美男美女しか出ていないほうが不自然であり、ビジネスとしても理にかなっていないのではないでしょうか。**

　しかし、そんなハリウッドも時代に合わせてアップデートしています。

04.　クリエイティブ・エシックスと過激さは両立できる　事例②映画『マッドマックス』

　「過激なエンターテイメント」の代表格として、ハリウッドのアクション映画を挙げる人は多いと思います。アクションスターの活躍、カーチェイス、大爆発などで、日々のストレスを吹き飛ばしてくれるのが魅力です。そして、**こうしたアクション映画も、近年はクリエイティブ・エシックスの下で作られるようになっています。**代表例が2015年公開の『マ

028

ッドマックス　怒りのデス・ロード』です。**本作は一見、ア****クション映画とは何の関係もなさそうな、フェミニズム思想****をベースにつくられています。**

　「核戦争後の世界を支配する男のもとから、5人の妻たちが脱出する」これがマッドマックスのあらすじです。妻たちは全員、支配者の跡継ぎを産むよう要求され、銀行の金庫のような場所に監禁されています。妻たちは脱走する際、「We are not things（私たちはモノじゃない）」という書き置きを残します。女性を人間ではなく、「産む機械」として扱う社会への痛烈な皮肉です。**マッドマックスが単純な勧善懲悪劇ではなく、家父長制との戦いを描いた物語であることがわかります。**

　妻たちの脱出を手助けするのは、フュリオサという女性です。妻たちが支配者の好みで肌もあらわな服を着させられているのは対照的に、フュリオサは丸坊主の上に片腕という海賊のような出で立ちをしています。見た目だけではなく、一般的に「男性の領域」とされがちな格闘や運転でも高いスキルを誇ります。**男目線で作られた女性像・ジェンダーバイアスに全身で抗っていることが、フュリオサの魅力です。**劇中のキャラクターの中でも屈指の人気を誇り、彼女を主人公にした続編も作られました。

　主人公のマックスは、フュリオサと妻たちの戦いを手助け

する役回りです。映画冒頭で彼は、人生の目的も希望もなく、生き残ることにしか関心が無い人物として、観客の前に姿を現します。そんな彼が偶然、女性たちと出会い、巻き込まれる形で脱出に同行することになります。**マックスは女性たちをサポートすることで、人間性を取り戻していくのです。**通常アクション映画では強敵に勝ったり、世界を救ったりすることが主人公のゴールとして設定されることが多いのですが、『マッドマックス』は全く異なります。近年、男社会においては、男性は仕事の面で優遇される一方、勝利や成功へのプレッシャーから大きなストレスにさらされることが問題になっています。**他者のケアに生きる意味を見出すマックスは、そんな時代の新ヒーロー像と解釈することができるのはないでしょうか。**

下記に、**映画製作にコンサルタントとして参加した、イブ・エンスラーというフェミニズムの専門家**のインタビューを引用します。[5]

地球上の女性の3人に1人が、性加害や暴力を経験しています。女性への暴力は、人種や経済的な不公平と結びついています。そうした問題と正面から取り組んでいるのが、この映画です。そのためには専門家の女性が必要ということを、監督は理解していました。

監督は被害者ではなく、力強い女性を描くことに成功した

と思います。女性を男性と同様の戦士として描く映画を、これまで見たことがありません。

家父長制の暴力的な文化の中で、女性はどうサバイバルするのか？　ということを、この映画が問うているのです。

「フェミニズムの専門家が映画をコンサルティングする」と聞いて、表現に問題がないかをネガティブ・チェックする役割を想像した人が多いと思います。しかし、実際はそれよりはるかに本質的で、前向きな役割を果たしていたことがわかります。

『マッドマックス　怒りのデス・ロード』は、カーチェイスやアクションといった部分だけを見ても、確かに過激な映画です。**しかしその根底には「家父長制を批判し、女性にも男性にも生きやすい世界をつくる」というクリエイティブ・エシックスがあるのです。**これこそが本当の「過激さ」ではないでしょうか。

『マッドマックス　怒りのデス・ロード』は全世界で約3.8億ドルの興行収入を記録。第88回アカデミー賞では作品賞を含む10部門にノミネートされ、そのうち6部門で受賞を果た

---

5. TIME 2015年5月7日記事「Vagina Monologues Writer Eve Ensler: How Mad Max: Fury Road Became a 'Feminist Action Film'（『ヴァギナ・モノローグ』の作家イブ・エンスラーが語る、『マッドマックス　怒りのデス・ロード』はいかに「フェミニスト・アクション映画」になったのか）」

しました。商業的にも批評的にも大成功を収めたのです。

　ちなみに監督のジョージ・ミラーは男性で、映画の公開当時、**70歳でした**。最近は「老害」などという言葉が流行っているように、価値観の変化の問題が、年齢の問題に矮小化されてしまいがちです。**しかし、年齢は関係ありません。**あなたがもし中高年と言われる年齢であっても、心配はありません。人は何歳になっても変われるのです。

　繰り返しになりますが、そのために必要な知識を、この本であなたに伝えたいと思います。

05. クリエイティブ・エシックスは一過性の流行ではなく、不可逆的な変化

　ここまで読んでいただいた方なら、クリエイティブ・エシックスが「おもしろさ」や「過激さ」の足かせではなく、むしろ源泉であることが、わかっていただけたと思います。

　しかし、過去の広告や映画だって、大なり小なり皆を楽しませるために、善意に基づいて作られていたはずです。にもかかわらず、その多くが、現代では通用しないものになってしまっています。なぜ今日、こうした変化が起きているのでしょうか？

032

これはクリエイティブ・ビジネスの内輪の話ではありません。人々が「おもしろい」と感じるものの変化は、ここ数十年ほどの間に起きた、社会構造の変化に起因しています。カンヌライオンズやアカデミー賞の変化は、そのあらわれに過ぎません。

社会構造の変化が原因である以上、クリエイティブ・エシックスは一過性のトレンドではありえません。不可逆的な変化になります。

本章では、広告や映画などの現代のヒット作がクリエイティブ・エシックスの下につくられていることを説明しました。次章では、どのように社会が変化して今日のクリエイティブ・エシックスの時代に至ったのか、その歴史的経緯を見ていきしょう。

> **≫ 1章のまとめ**
> **❷ 広告業界では2007年のカンヌライオンズをきっかけに「クリエイティブ・エシックスの時代」に突入**
> **❷「おもしろさ」の定義は時代によって変わる**
> **❷ 現代は「アンコンシャス・バイアスからの解放」が「おもしろい」時代**
> **❷ クリエイティブ・エシックスと過激さは両立できる**
> **❷ クリエイティブ・エシックスは一過性の流行ではなく、不可逆的な変化**

第 2 章

なぜ今、
クリエイティブ・エシックスの
時代なのか?

前章では近年のヒット広告やコンテンツの背後にある「世界を今より良い場所にする」という倫理観を、「クリエイティブ・エシックス」として紹介してきました。しかし、SDGsやDEIが、良くも悪くもトレンドとして語られる中、クリエイティブ・エシックスも似たようなものだと感じた人も多いと思います。「どうせ一過性のものじゃないの？」と。

　しかし、クリエイティブ・エシックスは昨日今日はじまったものではありません。長い時間をかけて、クリエイティブ業界で根を伸ばし続けてきました。その結果、ここ数年になって、ビジネスの主流になったというのが実情です。

　本章では1960年代から現在までの広告クリエイティブの歴史を振り返ります。クリエイティブ・エシックスがミーハーな業界の流行ではなく、歴史的な必然性をもって生まれたことがわかっていただけると思います。

01. 1960年代～90年代 「先駆者」の時代

Levy's「ユダヤ人じゃなくても」ポスター

　近代広告クリエイティブの礎を築いたDDBという広告会社があります。1949年にニューヨークで創業し、1950年代

から60年代にかけてのフォルクスワーゲンのシリーズ広告に代表される、数多くの歴史的名作をつくってきました。

そのDDBが1960年代から70年代にかけて制作した、Levy'sというライ麦パンのポスター広告のシリーズがあります。キャッチフレーズは、次の通りです。

> You don't have to be Jewish to love Levy's real Jewish Rye

和訳：

> ユダヤ人じゃなくてもLevy'sを愛することはできます。ほんものの、ユダヤのライ麦パン

Ⓒ Getty Images

ポスターの写真では、白人や黒人、アジア人の子ども、ネイティブ・アメリカンの成人男性など、人種も年齢も多様な人々がライ麦パンをおいしそうに頬張っています。そして、

どの人物もエキゾチックさを強調することなく、自然で、魅力的に撮影されているのです。ポリティカル・コレクトネスという言葉すらなく、広告モデルといえば白人しかいなかった時代に、これは極めて異例でした。**黒人解放運動の指導者であるマルコムXが、ポスターと一緒に写っている写真も残されています。**黒人の子どもがポスターに掲載されたことが、よほど嬉しかったのでしょう。厳しい表情をしているイメージがあるマルコムXが、子どものような笑顔を見せています。

　ニューヨークの地下鉄に貼られたポスターはその後、全米に掲出されるようになりました。そして、ポスター単体として販売されるほどの人気シリーズとなったのです。

　広告の意図について、担当コピーライターのジュディ・プロタス（名前からわかる通り女性です）は、次のように語っています。[6]

> このユダヤ人のライ麦パンは、ブルックリンでユダヤ人向けに売られていたんです。でも、私たちは、もっと多くの人に知ってほしいと思いました。ニューヨークは多民族都市ですから、それを利用して評判を高めることにしたんです。

---

6. The New York Times2014年1月11日記事「Judy Protas, Writer of Slogan for Levy's Real Jewish Rye, Dies at 91（Levy's Real Jewish Ryeスローガンの作者、ジュディ・プロタスが91歳で永眠）」

より多くのターゲットに商品を知ってもらおうという広告戦略が、多様な人々を描く表現に直結していることがわかります。

Levy'sのポスターは、クリエイティブ・エシックス広告の最初期の事例です。その芸術性とメッセージ性は、今見ても色褪せていません。

> **アメリカン・エキスプレス**
> **「自由の女神像・エリス島 修復キャンペーン」**

1983年には、アメリカン・エキスプレスが「自由の女神像・エリス島 修復キャンペーン」を実施しました。**期間中、アメリカン・エキスプレスのクレジットカードやトラベラーズチェックのアメリカ国内での利用1回ごとに1セント、また新規カード発行や高額旅行パッケージ購入ごとに1ドルが、同社から自由の女神像とエリス島の修復運動に寄付される**という取り組みです。

自由の女神像はアメリカ合衆国の独立100周年を記念して、独立運動を支援したフランス人の募金によって1886年に完成しました。アメリカン・エキスプレスのキャンペーンは、像の完成100周年となる1986年に向けて実施されたものです。[7]

---

7. 本キャンペーンについては、1983年当時のアメリカン・エキスプレス リリースより記載

当時、アメリカン・エキスプレスの旅行関連会社の会長だったルイ・V・ガーストナー・ジュニアは、キャンペーンについてこう語っています。

2年前にコーズ・リレーテッド・マーケティングを初めて試したとき、それが事業の役に立つのか、それとも単にお金を寄付するための手法になるのか確信が持てませんでした。結果的にはその両方でした。30以上の事例が成功したことで、私たちは良いことをすることで、良い結果を得られることを知ったんです。

通常の広告に使用する400万ドル以上の予算が、キャンペーンに充てられました。この決断について、当時、アメリカン・エキスプレスの会長だったジェームズ・D・ロビンソンは次のように語っています。

[自由の女神像・エリス島修復の]民間および公的資金が削減されている中、支援するための新しい方法を模索していました。マーケティング予算を使用して価値ある目的を支援すると同時にビジネスを成長させることができれば、将来的には、価値ある非営利団体に必要な資金源を提供できるようになるかもしれません。([ ] 内筆者)

自由の女神像・エリス島100周年記念委員会会長のリー・A・アイアコッカは、修復運動の意義について次のように語

っています。

> 自由の女神像とエリス島は、金属やレンガ、モルタルで作られた、ただの記念碑ではありません。移民によって建国され、移民によって発展し、最も文化的に豊かで強力な国となった、私たちの国の独自性のシンボルなんです。

　自由の女神像とエリス島は、「移民の国」としてのアメリカを象徴する存在です。19世紀末から20世紀初頭にかけて、多くのヨーロッパからの移民がニューヨーク港を通じてアメリカに到着しました。**ニューヨーク港の入口に立つ自由の女神像は、移民たちを歓迎する役割を果たしていたのです。**現代のアメリカでも、自由の女神像が「移民の国」のシンボルであることは変わりません。

　また、自由の女神像が見守るエリス島は、かつて移民たちがアメリカに入国する地点でした。健康状態や政治的思想を理由に拒否されることはあったものの、**98%が入国を許可された**と言われています。

　先述のアイアコッカ会長自身も、自身の両親が移民であったことを明かしています。

> アメリカ最初の光景として自由の女神像を目にし、アメリカの土地に最初の一歩を踏み出した1,700万人の移民の中

には、私自身の両親も含まれています。彼らは入国手続きがすべて完了した後、エリス島にあるアメリカン・エキスプレス銀行に案内され、苦労して得た貯金をドルに換金したんです。両親がアメリカに来る数年前まで、エリス島にアメリカン・エキスプレス銀行は存在しませんでした。移民たちはわずかな所持金を悪徳業者に渡し、価値のない葉巻ラベルや石鹸のクーポンと交換されることが頻繁にあったんです。

ビジネスを通して移民たちを金融面でサポートしていたアメリカン・エキスプレスが、「移民の国」のシンボルである自由の女神像とエリス島の修復運動をサポートするのは、ブランドのストーリーに沿った選択なのでしょう。

キャンペーンの結果、3ヶ月で170万ドルが集まり、修復運動に寄付されました。新規会員数やカードの使用料も大幅に増加したと言われています。

「世界を今より良い場所にすること」とビジネスを両立していること、「移民の国」のシンボルの修復を通して多様性を支持していることなど、現代の視点から見ても「自由の女神像・エリス島 修復キャンペーン」は全く色褪せていません。アメリカン・エキスプレスがいかに先進的なブランドであるかが、よくわかります。

オリビエーロ・トスカーニによる「BENETTON」

ファッションブランドの広告は、モデルやセレブリティが登場する華やかなものが大半です。しかし、1982年から2000年までBENETTONのクリエイティブディレクターを務めたオリビエーロ・トスカーニによる同ブランドの広告は、全く異なるものでした。**彼は社会問題を取り上げた、挑発的な内容のシリーズ広告を作ったのです。**

トスカーニの広告で最初に世界的な論争を起こしたのは、1989年の秋冬キャンペーンで発表されたポスターです。**黒人女性が白人の赤ちゃんに授乳している写真が使われています。**

ⓒ Benetton Group　ⓒ Oliviero Toscani

広告の意図を、トスカーニは次のように語っています。[8]

---

8. オリビエーロ・トスカーニ著『広告は私たちに微笑みかける死体』(紀伊國屋書店、1997年)

しかし私は、このポスターを使って古典的な手法の広告をつくるつもりはない。私は、セーターを売るのではないのだ。良質で色とりどりのベネトンのセーターは、世界中にある七千軒ものブティックで売られているのだから、それだけで事足りる。私は、消費者に買わせる―幻惑する―のを追求しているのではない。ただ、この写真を通して消費者に、人種の混交という哲学的な考えに対する共鳴を求めているのだ。キャンペーンは、後のベネトンの新名称ともなる「ユナイテッド・カラーズ」というブランド信条に支えられている。（中略）広告スローガンを人道的な運動に変革し、ベネトンというアパレル・メーカーに進歩的態度という「色を塗った」のだ。

この後も、BENETTONは議論を呼ぶ広告を作り続けました。

1990年の秋冬キャンペーンでは、白人女性と黒人女性が、アジア人の赤ちゃんを抱えているポスターを発表しています。人種の多様性に加えて、同性カップルの育児を連想させる構図です。

ⓒ Benetton Group　ⓒ Oliviero Toscani

　この年のBENETTONは春夏キャンペーンでも白人と黒人をテーマにしたポスターを発表しています。**DEIという言葉すらなかった当時、これらのポスターがどれだけ衝撃的だったかは想像に難くありません。**

　また、90年代はエイズが社会問題になっていた時代です。クイーンのボーカリストであるフレディ・マーキュリーもHIVに感染し、91年に亡くなっています。当時は同性愛者の感染症という誤解もあり、患者はいわれなき差別に苦しんでいました。こうした状況を受けて、BENETTONはエイズをテーマにした広告も発表しています。中でも最も有名なのは、1992年の春夏キャンペーンで発表されたポスターです。この年、エイズはアメリカの25歳から44歳の男性の死因の第一位となっていました。

第2章　なぜ今、クリエイティブ・エシックスの時代なのか？

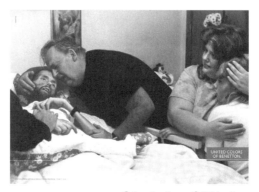

ⓒ Benetton Group　ⓒ Thérèse Frare

　ゲイの活動家でエイズ患者のデイビッド・カービーが死の床に横たわる姿が、まるで宗教画のように描かれています。もともとLIFE誌に掲載された写真で、油絵で彩色されたものがポスターに使用されています。多くのエイズ活動家がこの写真が「患者に対する恐怖を広め、苦しみを商品化している」として、BENETTONのボイコットを呼びかけました。一方、カービーの父ビルは、次のようなコメントを残しています。「BENETTONが私たちを利用しているのではなく、私たちがBENETTONを利用しているのです。もしこの写真が誰かの助けになるなら、私たちが受けるどんな圧力も価値があるのです」。トスカーニ自身は「**当時、エイズと戦うあらゆるキャンペーンが患者を表に出すことを拒否していた。私はエイズ患者排斥行為と戦うため、世界中にこのポスターを貼った。病人が犬のようにひとりぼっちではなく、家族全員に囲まれて、親の腕のなかで、家族に感染させることなく、見守られて死んでいけるという事実を見せるためにだ**」と、

このポスターの意図を説明しています。**現代の言葉にすると、当事者による表象＝レプリゼンテーションの考え方です**（レプリゼンテーションについては、後の章で詳しく解説します）。

　BENETTONの広告も社会貢献ではなくビジネスとして行われたという点でアメリカン・エキスプレスと共通しています。トスカーニが広告を担当した1980年代から1990年代にかけて、BENETTONの売上は20倍に成長したというデータもあります。[9]　一方、アメリカン・エキスプレスのように社会問題を資金面でサポートしたわけではないので、「他人の不幸を自社のビジネスに利用した」という批判があるのも事実です。エイズ患者をはじめ広告で取り上げた当事者からもしばしば批判されるため、その後広告界で起きた「ソーシャルグッド」の流れや、本書で提唱しているクリエイティブ・エシックスと同列に語れるものではありません。

　しかし、「**人種差別**」「**同性愛**」「**エイズ**」**といった、それまでタブー視されていたテーマを広告で扱うことで、後続に与えた影響は計り知れないものがあります。**本章後半で解説するように、現在こうしたテーマはより具体的な問題解決に寄与する形で、ビジネスで取り上げられることが増えています。

---

9. FashionABC「Oliviero Toscani」項より

このように1960年代から90年代は、クリエイティブ・エシックス広告の先駆的な事例が登場した時代でした。しかし、あくまで個別のブランドの単発の取り組みに終わっていた感は否めません。社会全体を巻き込むムーブメントに発展するには、2000年代になるのを待たねばなりませんでした。

02. 2000年代 非営利団体の時代

この年代にクリエイティブ・エシックス広告に継続的に取り組んでいたのは、企業ではなく、非営利団体です。代表例として、若者の喫煙、ベイピング、ニコチン依存を終わらせることを目的とした非営利団体Truth Initiativeによる反喫煙シリーズCMがあります。 2001年にカンヌライオンズでグランプリを受賞したCMの内容は、次のようなものです。

> **Truth 反喫煙キャンペーン (2001)**

CMはハリウッドのホラー映画の予告編を模して作られており、「Evil Empire Pictures」という架空の映画会社のロゴとともに幕を開けます。主人公は51歳の白人男性です。芝生に囲まれた瀟洒な自宅に、美しい妻と娘の3人家族で暮らしています。職業は企業の重役で、高級スーツを着こなし、運転手付きの自動車で高層ビルに颯爽と出勤します。まさに理想のアメリカ人といった様子です。

しかし、映像は段々と不穏な雰囲気を帯びるようになります。男性は「お仕事はなんですか？」と聞かれても、返事を避けます。さらに他の重役達とともに、娘のクラスメイトや若者たちを観察します。その姿は、まるで実験動物を扱うマッド・サイエンティストのようです。男性が街に出れば群衆に取り囲まれ「お前は父を殺した！」と責められます。雷雨の中、男性が「俺は仕事をしているだけだ！」と叫ぶと、「Secrets of a Tobacco Executive」というタイトルロゴが浮かび上がります。男性は、タバコ会社の重役だった…というのが、CMのオチです。

若者はしばしば、もう子どもではないことを示すための反抗のシンボルとして、タバコを吸ってきました。**しかし、こうしたタバコのイメージは白人の中年男性が経営する大企業がマーケティングで作ったものであり、若者は搾取の対象であることを、このCMは伝え**ようとしているのです。「わが社の生き残りは、若者たちにかかっている」「若者の好むファッションや音楽など、すべての行動を把握する必要がある」といった重役たちのセリフは、実際のタバコ会社の社内文書から取られているそうです。本当の映画の予告編と見間違うかのようなクオリティが高く評価され、「Secrets of a Tobacco Executive」は2001年度のカンヌライオンズでグランプリを受賞しました。

このようなタバコ会社のマーケティングを厳しく批判する

CMを、Truthは数多く作っています。その中には、タバコが原因で亡くなる1日あたりの人数である1200人分の遺体袋をタバコ会社のビルの前に実際に積み上げるなど、かなり過激なものもあります。

2000年代前半はビジネスの負の側面を批判する公共広告が数多く作られた時代です。Truthはかなり極端な例ですが、環境保護活動を行う非営利団体NPO／NGOも、環境破壊を告発する広告を作っていました。

UNICEF & Volvic「1ℓ for 10ℓ」プログラム (2005~2016)

2000年代中頃になると、こうした潮流に変化が訪れます。2004年には電通と日本NPOセンターが中心となり、「NPO広報力向上委員会」を設立。翌年2月から全国各地でNPO支援プログラム「伝えるコツ」の開催をスタートし、現在に至るまで続けています。この活動について、電通のウェブサイトには下記のように説明されています。[10]

> 社会課題解決の担い手としてNPOの役割はますます大きくなっています。NPOにとって、伝えるスキルは組織をまとめ、理解者や協力者を広げるための重要なスキルであり、また不足しがちなスキルでもあります。「伝えるコツ」

---

10. 電通2020年5月19日ニュースリリース「NPO支援プログラム『伝えるコツ』をオンラインで無料公開開始」

をきっかけにNPOの活動がさらに広がることを願い、今後も活動を続けてまいります。

　企業の負の側面を批判することは、今後も必要なことです。しかし、非営利団体の影響力にも限界があり、企業との協働が必要になる局面もあります。また、この頃になると、企業にも利益追求だけではなく社会貢献が求められるようになりました。**こうして非営利団体と企業がWin-Winの関係を築けるようになり、新しいタイプの広告クリエイティブが誕生したのです。**

　その代表例が、2005年にUNICEFとミネラルウォーターブランドのVolvicがはじめた「1ℓ for 10ℓ」キャンペーンです。Volvicが1ℓ出荷されるごとに、アフリカで井戸を掘り、10ℓの清潔で安全な水を新たに供給することを目的にしています。

　2005年にドイツで始まり2006年にはフランスで、2007年には日本でも実施されるようになりました。2016年のキャンペーン終了までに、アメリカやカナダ、イギリス、オーストリア、スイス、ルクセンブルクなど計9か国で実施されています。

　日本のキャンペーンでは、マリ共和国で277基の井戸（水場）を新設・修復。9年間の支援の総計は約47.3億ℓとされてい

ます。この活動により、農村部で手掘りの浅井戸や池等の濁った水を使用する状況が改善され、下痢やメジナ虫病（寄生虫病）、コレラやトラコマ（慢性結膜炎）など、水と不衛生な環境が原因となる病気への罹患率を下げることができたと報告されています。また、井戸を掘るだけではなく、現地の人びとが自ら井戸のメンテナンスができるよう、工具の供給や作業員の育成も実施。住民の水と衛生に関する啓発活動も行われました。[11]

　「1ℓ for 10ℓ」の購買額に応じた金額を社会課題の解決に使うという構造は、アメリカン・エキスプレスと同じです。**しかし、国連機関であるUNICEFと協動し、「清潔で安全な水」というより普遍的な社会課題に取り組んでおり、キャンペーンとして大きく進歩していることがわかります。**移り変わりの激しい広告業界にあって、世界中で10年にわたって実施されたことも特筆に値します。

　ミネラルウォーターは品質や価格に差を見つけづらいコモディティ商品です。Volvicの狙いは「どうせ買うなら、社会貢献になるものを選ぼう」と消費者に思ってもらうことにあります。

　キャンペーンの結果、2008年のイギリスではVolvicを好意

---

11. キリンホールディングス2016年4月7日ニュースリリース
12. IPC | Advertisingレポート「ipc creative case study Volvic」

的に思う消費者が57%増加、消費量は23%増加したと報告されています。**12** 社会貢献だけではなく、ビジネスとしても大成功だったのです。

UNICEF「TAP PROJECT」(2007)

「1ℓ for 10ℓ」がスタートしてから2年後の2007年、UNICEFは同じく水をテーマにした「TAP PROJECT」を実施しています。

当時、世界人口の約20%が清潔な飲み水にアクセスできず、その結果として毎日5,000人以上の子どもが命を失っていると言われていました。そこでUNICEFが実施したのが、「TAP PROJECT」です。**レストランで無料で提供される水道水＝TAP WATERを1ドルで販売し、売上を清潔で安全な水の提供のために利用することにしたのです。**

「TAP PROJECT」は2007年3月22日「世界水の日」に、ニューヨークでローンチされました。レストランはコップの形をしたロゴを貼ることで、プロジェクトへの参加を表明できます。市内でもトップのレストランが参加し、メディアや有名人も賛同したことで、「TAP PROJECT」は大きな話題になりました。結果、初回は550万ドルの寄付金を集めることに成功しています。翌年2008年には全米とカナダに拡大し、2009年からは日本でも実施されました（2018年に終了）。

「TAP PROJECT」を考案したのは、ニューヨークのクリエイティブ・エージェンシーDroga5です。「水をブランド化する」というアイデア、ロゴのデザイン、有名人の巻き込み方など、広告キャンペーンのノウハウが数多く応用されています。Droga5はこのキャンペーンで一躍有名になり、Adweek誌「Agency of the year」に選ばれるなど世界的な企業へと成長しました（現在ではアクセンチュア・ソングの傘下に入っています）。

これまで見てきたように、2000年代前半の公共広告は、非営利団体が企業を批判する内容が中心でした。それが2000年代中盤になると、非営利団体と企業が手を組み、商業性と社会性の両立が模索されるようになります。

そして2000年代後半になると、企業が単体で、ビジネスの一環として社会性のあるメッセージを発信するようになります。

Dove「Evolution」(2007)

「TAP PROJECT」と同じ2007年、カンヌライオンズのフィルム部門でグランプリを受賞したあるCMが、広告業界の話題を独占しました。

それが、1章（19ページ）でも紹介した、DoveのウェブCM

「Evolution」です。ビューティー広告で使われている女性の写真が、メイクやフォトショップによる加工で元の女性とはかけ離れた姿になっていることを、加工の過程を早回しで見せながら批判的に描く内容でした。

非現実的な美女のイメージは女性を無理なダイエットや誤った美容法に導き、心身の健康を害する可能性があります。かつてであれば、こうした企業の広告活動を批判するのは非営利団体の役割でした。先述したTruthの反喫煙キャンペーンはその代表的なものです。**しかし、Doveは自らがビューティーブランドでありながら、ビューティー広告の問題点を指摘しました。これが「Evolution」の画期的だったポイントです。**

比較のために前年のフィルム部門の受賞作品も見てみましょう。2006年にフィルム部門のグランプリを受賞したのはギネスビールのCMです。両生類から恐竜、哺乳類、原人…と、長い時間をかけて進化してきた人類がギネスビールで乾杯できるようになるまでを、時間を逆回転して見せるストーリーでした。まるで超大作映画のような映像に圧倒される、今見てもおもしろいエンターテイメントになっています。タイトルは「Evolution」の逆読みの「noitulovE」(！！)です。ギネスビールに限らず、この頃のフィルム部門受賞作にメッセージ性は希薄で、映像としてのエンターテイメント性が注目されていました。こうした時代背景を踏まえると、Doveの

「Evolution」がいかに衝撃的だったかがわかると思います。

当時、広告業界でのDove「Evolution」に対する評価は分かれていました。私の周囲でも「これで商品が売れるのか？」という懐疑的な声が少なくありませんでした。しかし、Doveは今日にいたるまで、「Real Beauty Campaign」を続けています。2024年はキャンペーンの20周年を記念するとともに、「実際の女性を描くためにAIを決して使わない」と宣言しています。[13] アワード獲得や一過性の話題づくりを目的としたキャンペーンが、これだけ長期にわたって続くことはありません。「Real Beauty Campaign」がリアル・ビジネスにつながっていることがわかります。

先述の通り、2007年はカンヌライオンズ でアル・ゴアがスピーチをした年でもあります。Dove「Evolution」とアル・ゴアのスピーチが決め手となり、以降、非営利団体だけではなくブランドも社会性のあるメッセージを発信するようになります。**結果、世界の広告クリエイティブの世界では「ソーシャルグッド」と呼ばれる、利益だけではなく社会課題の解決を目指す事例が評価されるようになります。**

これが今日の「クリエイティブ・エシックス」の源流です。

---

13. ユニリーバニュースレター「20 years on: Dove and the future of Real Beauty（20年を経て：Dove とReal Beautyの未来）」

03. 2010年代前半　非営利組織からブランドの時代へ

フィリップ・コトラー「マーケティング 3.0」(2010)

　フィリップ・コトラーの著書『コトラーのマーケティング3.0』が2010年に出版されました。コトラーはマーケティング3.0を「**価値中心の時代に呼応して生まれたマーケティング**」だとしています。

　マーケティング1.0は、製品中心のマーケティングです。たとえば日本の場合、戦後しばらくは、製品の性能アップが生活の豊かさに直結していました。例えば日本の名作広告を集めた1969年のコピー年鑑には、「**最近 腰のまがったおばあさんをみかけなくなりました**」というキャッチフレーズの、東芝の洗濯機の広告が掲載されています。洗濯板から洗濯機への進歩は劇的で、人々の生活を根本から変えてしまいました。このような時代においては、製品そのものが大ニュースであり、マーケティングも製品を中心に行われていました。

　しかし、製品も進歩を重ねると成熟してきます。そこで登場するのが、**消費者を中心とした「マーケティング2.0」**です。この時代に、「腰をまげなくても洗濯ができる」といった物質的ニーズはもはや満たされています。調査によって消費者

の情緒的なニーズを把握し、それを製品で満たすことが求められるようになります。日本の広告でも、「**不思議、大好き。**」(1981年　西武百貨店)、「**愛だろ、愛っ。**」(1993年　ザ・カクテルバー)といったものがヒットするようになります。「最近 腰のまがったおばあさんをみかけなくなりました」と比べると、マーケティング1.0と2.0の違いが、良くわかると思います。

　こうした流れの中で、2010年にコトラーが提唱したのがマーケティング3.0です。この時代になると環境破壊、格差などの社会問題が顕在化し、これまで以上に企業の責任や影響力が重視されるようになりました。**結果、機能でも情緒でもなく、「どうしたら世界を今より良い場所にできるのか」という価値を中心とするマーケティングの時代が訪れたのです。**
　マーケティング3.0の背景には、人々が自身の「価値」について議論できるプラットフォームの登場もあります。

Twitterの普及

　2006年にサービスを開始したTwitterは、2010年代に入ると言論インフラと言えるほどに普及しました。2010年にはアメリカの家電量販店ベスト・バイによる「Twelpforce」というキャンペーンがカンヌライオンズでグランプリを受賞しています。**これはベスト・バイの店員2000人が「Twelpforce」というアカウントの「中の人」になり、家電に関する客から**

058

の質問に答えるという取り組みです。家電の困りごとがある人なら誰でも、無料で「Twelpforce」に相談することができます。客にしてみると無休で24時間、対応してくれるサポート窓口ができたようなものです。ベスト・バイも、それまでは実店舗という限られた場所でしか使われていなかった「店員の持つ専門知識」というアセットの活用範囲を広げることができます。「Twelpforce」を利用した客の中には、ベスト・バイで購入したいという気持ちが高まるでしょう。実際「Twelpforce」によって、ラップトップPCのセールスが目標を40%も超えたそうです。[14]

　Xと名前を変えたTwitterがさらに普及した現在は、世界全体がTwelpforce化しているのではないでしょうか。今や人々は、企業の行動に問題意識を持つと、まずXに投稿します。自ら投稿しなくても、「これって、ちょっとおかしいかも」くらいに思っていた社会問題に関する投稿が流れてきて、いいね！を押した経験がある人は多いと思います。一つひとつの投稿やいいね！の影響力は小さくても、積み重なると大きなうねりになり、企業も無視できなくなるのです。

　スマートフォンやソーシャルメディアが普及する前の時代では、社会的な主張をするにはデモやストライキといった手段が取られていました。こうした活動に参加できるのは、関

---

14. カンヌライオンズ公式サイトより引用

心が高く行動力がある層に限られています。しかし、現在は違います。**社会課題に声をあげることが、かつてなくカジュアルになった時代を私たちは生きているのです。**

SDGsの登場 (2015)

2015年にはSDGs＝持続可能な開発目標が国連で採択されました。SDGsは貧困の撲滅、教育の質の向上、気候変動対策など、2030年までに達成すべき17の目標と169のターゲットから成り立っています。

SDGsが画期的だったのは、策定過程でビジネスセクターの意見が取り入れられたことです。SDGsの前身であるMDGs（ミレニアム開発目標）は、主に開発途上国の課題解決を目指して策定されました。極度の貧困のなかで暮らす人々の数が1990年の19億人から2015年には8億3,600万人と半分以下に減少するなど、MDGsは大きな成果を挙げましたが、課題も残りました。サハラ以南のアフリカに貧困や水不足が集中するなど、地域によって達成度にばらつきが見られました。また、先進国にも貧困や格差、ジェンダーの不平等などの問題があることが明らかになってきました。こうした課題を引き継ぎ、開発途上国、先進国、すべての国の共通目標として生まれたのが、SDGsです。

MDGsが国連の専門家主導で策定された目標だったのに対

し、SDGsは193の国連加盟国の7回に及ぶ政府間交渉のすえに策定され、議論には民間企業も参加しました。**MDGsより広範な目標であるSDGsの達成には、ビジネスセクターのリソースが不可欠だと判断されたのです。**

先述したように現代の消費者は、カジュアルに社会課題に声をあげます。企業がSDGsに取り組むことは、消費者からの支持を高めることにつながるのです。さらに、投資家からの評価も高くなります。2017年1月に開催された世界経済フォーラム（ダボス会議）では、SDGsが達成されれば年間12兆ドルもの経済効果が期待できるとの報告書が発表されました。

かつて企業の社会貢献は、利益創出とは別枠で行われる、言葉を選ばずに書けば「課外活動」に近いものでした。**しかしSDGsによって、「世界を今より良い場所にすること」こそが、ビジネスそのものになったのです。**

このような時代の流れを反映した広告の一例を紹介します。

VOLVO UK「Life Paint」(2015)

2015年にはイギリスでVOLVOが「Life Paint」というキャンペーンを実施しました。**ライフペイントは、自転車や衣服、ヘルメットなどに噴霧することで、夜間の視認性を高める**ことができる反射塗料スプレーです。昼間は見えませんが、

夜間になると車のヘッドライトに反射して強く光ります。これにより、自転車利用者がドライバーに認識されやすくなり、事故のリスクを減少させることができるのです。ライフペイントはVOLVOのディーラーや全国の自転車ショップで無料配布されました。

　VOLVOは世界で初めて3点式シートベルトを開発した会社です。自動車の安全性向上に熱心に取り組んでおり、そのことを広告でも発信してきました。一方、「Life Paint」は、夜間に自転車利用者を見えやすくするという具体的な効果があります。**こうした社会課題の解決に直接つながるアクションが「広告クリエイティブ」と解釈されるようになったのが、2010年代前半です。**

　そして2010年代後半になると、「ブランドによる社会課題解決アクション」はより公共性を増していきます。

04. 2010年代後半から現在 政府からブランドへ

「世界中の国々で政府の力が落ちている。公共サービスが弱っていて、格差は拡大している。そこに代わるのは、政府を超えるスーパーパワーを持ったブランドだ。政府に代わってブランドに何ができるかという視点が必要なのだ」

これは2018年のカンヌライオンズでブランドエクスペリエンス&アクティベーション部門の審査員長を務めたロブ・ライリーの言葉です。ブランドによる社会課題解決アクションが、従来は政府が担当していた領域にまで及ぶようになった状況を端的に表しています。

代表的な事例として、ここではドミノ・ピザの「Paving For Pizza」を紹介します。

ドミノ・ピザ「Paving For Pizza」(2018)

「Paving For Pizza」はドミノ・ピザが2018年に実施したキャンペーンです。paveとは道路を舗装することを意味します。文字通り、**ドミノ・ピザが全米の道路に開いた穴やひび割れを補修していく取り組みです。**

一見、慈善事業のようですが、実情は異なります。**「Paving For Pizza」は一週間限定のドミノ・ピザの宅配強化キャンペーンの告知として行われました。**ドミノ・ピザは宅配ピザ利用者の声をヒアリング。頻繁に利用する人ほど、「注文通りのものが届くか」「熱々で届くか」「短時間で届くか」といった宅配の質にこだわることに着目しました。そして、多くの利用者がグチャグチャに形が崩れたピザが届いた経験があり、不満を持っていることがわかったのです。そこで、宅配の障壁になる道路の穴を補修することにしました。舗装後の

道路には、ドミノ・ピザのロゴがプリントされます。これを見たら、ドミノ・ピザの地域への貢献を感謝するとともに、ピザを注文したくなるでしょう。**つまり、これはドミノ・ピザが行うビジネスの一環なのです。**

「Paving For Pizza」はまずはテキサス州バートンビルで、試験的に実施されました。その後、好評を受けて、3ヶ月の間に、全米50の州で無料舗装が行われました。もちろん、行政と連携した合法的な活動です。

「Paving For Pizza」は多数のメディアに取り上げられ、10億インプレッションを記録。ドミノ・ピザの株価は史上最高を記録しました。[15]

日本で暮らしていて、道路に穴が空いていて困ることはほとんどありません。しかし、アメリカの広大な国土に広がる道路のメンテナンスは、困難な事業です。多くの州では、予算削減のためにインフラ整備への支出を抑制しています。予算確保のための増税しようにも、政治的なコンセンサスを得るのは容易ではありません。まさに先述のロブ・ライリーのコメントのように「弱った公共サービスを、ブランドが補っている」状態です。

---

15. カンヌライオンズ公式サイトより引用

少子高齢化が進む日本も他人事ではありません。2040年には現役世代の人口が現在の8割まで落ち込み、社会機能の維持が困難になる「8がけ社会」が到来すると言われています。多くの先進国では人口動態から国の影響力が低下し、現在のクオリティの福祉や公共サービスを提供できなくなると言われています。その穴を埋めるのがブランドによる社会課題解決アクションなのです。こうした取り組みもまた、クリエイティブ・エシックス広告だと解釈できるのではないでしょうか。

ソーシャルグッドへの批判

「ブランドによる社会課題解決アクション」が増えるに従って、ソーシャルグッドへの批判もされるようになりました。

先述の通り、ソーシャルグッドはカンヌライオンズを中心とする国際広告アワードが主導し、つくった潮流です。結果として広告クリエイティブの可能性が大きく広がったものの、弊害もありました。**広告会社がアワード受賞で自社の評判を高めるためにソーシャルグッド広告をつくるようになったのです。**当然、こうした広告は利益になりにくく、広告会社が持ち出しで制作することもあります。アワードで評価された広告が、実際には実施されていなかったという悪質なケースすらあります（こうした広告は業界用語で「スキャム」と呼ばれ、アワードへの応募資格の剥奪など重いペナルティが課されます）。**ソーシ**

ャルグッドはクリエイティブ業界の内輪の盛り上がりで、リアルなビジネスではないと言われても仕方のない一面がありました。

　また、スマートフォンで声をあげやすくなったのは、ソーシャルグッドに反感を持つ人々にとっても同じです。たとえば、2023年4月にトランスジェンダーのインフルエンサーを起用したバドライトは、不買運動を起こされています。[16]

アメリカで一番人気を誇るライトビール「バドライト」の売り上げが急減している。トランスジェンダーのインフルエンサー、ディラン・マルベイニーとのコラボが保守派の猛反発を買ったからだ。

マルベイニーは男性から女性に変わる自身の性転換プロセスをTikTok（ティックトック）で公開し、1000万人以上のフォロワーを獲得している。今年3月にトランス動画公開1周年を迎えた彼女は4月1日、バドライトから自身の顔をプリントした缶を贈られたことをインスタグラムで公表。
（中略）
右派の政治家やミュージシャンのキッド・ロック、トランプ支持者らがソーシャルメディア上でこれを一斉に批判。バドライト不買運動の狼煙を上げた。ビールの中心的な購買層は保守派の白人男性。彼らのボイコットの威力は凄まじく、米国内で販売されているバドワイザーなどバドファ

> ミリーの他の製品の売上も軒並み落ちていることが、最新の業界データで判明した。
>
> （中略）
>
> 保守派の不買運動が起きてから4月29日までの4週間には、バドライトの売上高は17.2％、販売数量は21.4％減少。
>
> （中略）
>
> 「オフプレミス」、つまりレストランやバーではなく、消費者がスーパーなどで購入するバドライトの売上高はさらに減っており、4月16〜22日の週では前年同期比26％減となっている。

　不買運動を受けて、このキャンペーンを担当した幹部は停職処分となりました。すると、今度は一部のLGBTQ＋当事者やその支援者からの反発が起こりました。**ビジネスにトランスジェンダーを利用しておきながら、立場が悪くなると見捨てるのか、という抗議の声が挙がったのです。**

　バドライトを販売するAB InBev（アンハイザー・ブッシュ・インベブ）はカンヌライオンズでマーケター・オブ・ザ・イヤーを2年連続で受賞した、広告主として高く評価されている企業です。オーガニック農作物を支援するなど、ソーシャルグッドな取り組みにも熱心でした。そんなAB InBevが巻き込まれたこの騒動は、ソーシャルグッドの限界を示してい

---

16. ニューズウィーク日本版2023年5月11日記事「トランス女性起用で白人マッチョ男性が不買運動、バドライトの売り上げが急減」

ます。どんなに社会に良い活動であっても、ビジネスである以上、利益につながらなければ中止せざるを得ないのです。

　また、もっと本質的なところで、ソーシャルグッドを「WOKE CAPITALISM ＝意識高い系資本主義」と呼んで批判する動きもあります。ウォークはwake（目覚める）の過去分詞形で、「目覚めた」を意味する言葉です。LGBTQ＋や気候変動といった社会課題に「目覚める」ことを揶揄するときに使われます（日本語だと「意識高い系」に近いニュアンスです）。

　シドニー工科大学組織論教授のカール・ローズは、著書『WOKE CAPITALISM「意識高い系」資本主義が民主主義を滅ぼす』（東洋経済新報社）の中でウォーク企業を批判しています。**#MeToo運動を支持したりマイノリティを積極的に登用したりする企業は、善行を隠れ蓑に巨額の租税を回避し、極端な格差を生み出している**というのです。また、本来は民主的な手続きを経て税金で実行されるべき社会課題解決が、いち企業の気まぐれに委ねられてしまう危険性も指摘しています。

　長きにわたり私利私欲にまみれたビジネスをビシビシ展開してきた彼らが、ようやく利他的な社会正義の戦士になる決心をしたとでもいうのだろうか。そんな説明はおめでたすぎる。ウォーク資本主義の下では、社会的不公正や貧困の解決をもう国家に頼ることができない。そこで、社会

は、ご主人さまの食卓から落ちてくるパンくずという慈善に頼ることになる。そのパンくずは、ありがたくも超富裕層が決めた場所だけに落ちてくる。

　ソーシャルグッドは、一過性のトレンドに過ぎなかったのでしょうか？　ブランドは偽善的なソーシャルグッドをかなぐり捨てて、ひたすらマシンのように利益を追求するべきなのか？

　私は、それは違うと思います。

　企業が#MeTooを支持する広告を出したり、マイノリティを経営層に登用したりするのは、確かに偽善かもしれません。しかし、職場でセクハラが横行し、マジョリティしか経営層になれない時代が続くよりははるかに良いことです。聖人君子がいないように、完璧な企業やブランドも存在しません。**大切なのは、矛盾や問題を抱えながらも、ビジネスを通して少しでも世の中を良くするために、もがきつづけることではないでしょうか。**

　ソーシャルグッドには、ブランドが良いと思ったことを押し付けてくる偽善性が、確かにありました。広告業界の内輪の馴れ合いであったことも否めません。ビジネスとしての社会課題解決は、利益を出さない限り持続可能ではないという欠点もあります。

しかし、そうした**数々の問題点と向き合いながら**も、「どうすれば世界を今より良い場所にできるのか」と逡巡し、実行する。それが本書で提唱するクリエイティブ・エシックス広告なのです。

　2章の締めくくりとして、その最大かつ最高の例を紹介します。

Nike「Dream Crazy」(2018)

　「Dream Crazy」は、Nikeが2018年に公開したCMです。「Just Do It」の30周年を記念して全米で制作されました。起用されたアスリートは、元NFLクォーターバックのコリン・キャパニックです。

　「Dream Crazy」は、人々にクレージーな夢を追求するよう呼びかける内容でした。キャパニック自身がナレーションを担当し、「**Believe in something. Even if it means sacrificing everything.（信念を貫け。それがすべてを犠牲にするとしても）**」というキャッチフレーズを読み上げました。

　Nikeがキャパニックを起用した理由は、彼がNFL選手としてのキャリアを犠牲にしてまで社会正義を訴えた象徴的な存在であったからです。キャパニックは警察による黒人への暴力への抗議として、試合前の国歌斉唱の際に起立を拒み、

ひざまずく行為を始めました。シーズン終了後、キャパニックはサンフランシスコ・49ersからフリーエージェントとなり、どのチームとも新しい契約を結ぶことができませんでした。NFLは事実上、キャパニックを追放したのです。

そんなキャパニックのCMへの起用は、賛否両論を巻き起こしました。多くの人々は黒人差別に抗議をするキャパニックへの支持を表明し、彼を起用したNikeの勇気を称賛しました。しかし、保守的な人々はNike製品のボイコットを呼びかけたのです。ソーシャルメディアはNikeのスニーカーを燃やす映像であふれました。当時のアメリカ大統領ドナルド・トランプは、Twitterに「Nikeは何を考えているんだ?」と投稿し、不快感を示しました。**広告へのネガティブな反応を気にしないブランドはありません。ましてや自社製品を燃やされたり、現役大統領から名指しで批判されたりしたら、その恐怖感は想像に難くありません。**

しかし、結果的には「Dream Crazy」は大成功でした。キャンペーン開始後、オンライン売上は驚異的に増加し、Nikeの株価は当時の史上最高値を更新しました。さまざまなメディアで特集され、24時間で4,300万ドル相当のメディア露出価値を生み出しました。[17] カンヌライオンズのグランプリをはじめ、世界中のあらゆる広告賞を総なめにしたこ

---

17. WWD JAPAN 2018年12月7日記事「ナイキのコリン・キャパニックを起用した"炎上"広告が、広告誌の最優秀賞を受賞」

とはご存じの方も多いでしょう。

　Nikeの「Dream Crazy」キャンペーンは、政治が解決できない人種差別の問題に、ビジネスが一石を投じられることを証明したのです。

　ここまで読まれた方なら、クリエイティブ・エシックスは刹那的なトレンドではなく、数十年かけて培われてきたことがおわかりいただけたかと思います。しかし、「世界を今より良い場所にする」と意識するだけでは、抽象的で不十分です。何から始めればいいのか当惑する人も多いでしょう。そこで次章からはクリエイティブ・エシックスが扱う個別のテーマを紹介し、掘り下げてゆきます。

>> 2章のまとめ
● 1960年代～90年代：クリエイティブ・エシックス広告の先駆者が登場。しかし、大きな流れにはならず。
● 2000年代：非営利団体による告発型の広告が注目される。
● 2010年代前半：ブランドが社会課題解決に乗り出す。SDGsやTwitterの登場も後押しに。
● 2010年代後半から現在：公共サービス維持や人種差別対策など、政府が担ってきた領域に、ブランドが進出する時代へ。

第3章

人権

いよいよ本章からは、クリエイティブ・エシックスの時代において、広告クリエイターやビジネスパーソンとして生き残るための実践的な知識について記したいと思います。まずはすべてのクリエイティブ・エシックスの土台とも言える「人権」についてです。

01.　人権は法律である

「人に優しくすること」「弱い人をいたわること」

人権とはこうした「気持ちのあり方」のことだと思っている人は、多いと思います。

また、「個人のワガママ」「左翼」「活動家」といったネガティブな認識を持っている人も、大勢いるでしょう。

しかし本来、**人権と思想の左右は一切関係ありません。**日本には本格的な人権教育を受ける機会がなく、結果としてほとんどの人が人権について正しい理解をしていません。それだけならまだしも、ネガティブな誤解が広まっています。

結論を書きます。**人権とは気持ちや感情ではなく、法律で規定され、守られている権利です。**日本で教育を受ける誰もが学校で基本的人権について学びます。基本的人権とは、すべての人が生まれながらにして持っている侵すことのできな

い権利として、日本の最高法規である日本国憲法に記されています。

たとえば第三章「国民の権利及び義務」第十四条には、こう記されています。

> すべて国民は、法の下に平等であつて、人種、信条、性別、社会的身分又は門地により、政治的、経済的又は社会的関係において、差別されない。

これは「平等権」と呼ばれる、法の下で守られている権利です。**人権は様々な法律で規定され、守られています。だから、法治国家である日本で暮らす私たちは、人権を守る義務があるのです。**

かつて胸元を強調した女子高生のイラストを使用した新聞広告が炎上したことがありました。当時、様々な意見が飛び交いましたが、賛否ともに「性的なイラストは見たくない」「自分はこれくらい気にならない」といった感情的なものがほとんどでした。人権の観点から見ると、この広告は「女性差別」「子どもの権利侵害」として批判されるべき内容です。**日本は「女性差別撤廃条約」と「子どもの権利条約」「児童の売買、児童買春及び児童ポルノに関する児童の権利に関する条約の選択議定書」の締結国であり、「女性差別」や「子どもの権利侵害」は法的に禁止されているのです。**

前に挙げた条約は、どれも国際連合（国連）で採択された
ものです。**日本のみならず全世界で、人権は法律で守られて
いるのです。**

02. 人権は国際社会のOSである

国連は第二次世界大戦が終了した1945年に設立されまし
た。日本を含めた193ヶ国、世界のほとんどの国が加盟して
おり、現在の国際社会の土台になっています。その国連で
1948年12月10日に全会一致で採択された文書が「**世界人権
宣言**」です。

第二次世界大戦ではホロコーストのような重大な人権侵害
が多数、発生しました。国連はこの悲劇を二度と繰り返さな
いために設立された組織で、人権保護をその主要な使命の一
つとして掲げています。国連の人権保護への取り組みとして
作成されたのが、世界人権宣言です。

世界人権宣言は、前文と30の条文から成り立っています。
一部を次に紹介します。

>> **世界人権宣言**
【前文】
（前略）
ここに、国際連合総会は、社会の各個人及び各機関が、

この世界人権宣言を常に念頭に置きながら、加盟国自身の人民の間にも、また、加盟国の管轄下にある地域の人民の間にも、これらの権利と自由との尊重を指導及び教育によって促進すること並びにそれらの普遍的かつ効果的な承認と遵守とを国内的及び国際的な漸進的措置によって確保することに努力するように、**すべての人民とすべての国とが達成すべき共通の基準として、この世界人権宣言を公布する。**

【第一条】
すべての人間は、生れながらにして自由であり、かつ、尊厳と権利とについて平等である。人間は、理性と良心とを授けられており、互いに同胞の精神をもって行動しなければならない。

　ネットで全文公開されているので、ぜひ一度、読んでみてください。独特な文体でとっつきにくさはありますが、けっして難解ではありません。生命の権利、自由の権利、平等の権利、教育の権利、労働の権利など、すべての人間が享受すべき基本的人権が包括的に規定されている、「人権」が何なのかを理解する上で最良のテキストです。

　世界人権宣言そのものには、法的拘束力はありません。しかし、**世界人権宣言は国連加盟国が自国の憲法や法律に人権条項を取り入れる際の基礎**となりました。先述の「女性差別

撤廃条約」のような国連の様々な人権条約や協定も、世界人権宣言をもとに作られています。

　つまり国連に加盟している法治国家にとって、人権は社会の基盤となるOSのようなものなのです。

　OSというのはただの喩えではなく、現在、世界を席巻しているテクノロジーも、人権をベースに作られています。

03. AIも人権で動いている

　今やAIの話題を耳にしない日はありません。さまざまなキーワードが飛び交う中、「憲法AI」という言葉を知っていますでしょうか？

　憲法AIとは、憲法と呼ばれるルールによって善悪を判断し、安全性を高めているAIのことです。「強大な力を持つが故に、間違ったときのダメージも大きい」という点で、AIと国家は似ています。だから同じように憲法という制約で力を制限しよう、という発想です。

　実例としては、Anthropicが開発したClaudeというAIがあります。Notionに搭載されているので、使った経験がある方も多いでしょう。Anthropicは「信頼できるAI開発」を提唱しているスタートアップ企業です。ChatGPTを開発し

たOpenAI出身の研究者グループによって、2021年に設立されました。

Claudeの憲法は国連の世界人権宣言、GoogleのAIリサーチラボDeepMindが提唱するガイドライン、Appleの利用規約などをもとに構成されています。また、「非西洋の視点」も重視しており、しばしば指摘されるAIの白人男性バイアスにも対策を講じています。

AIのような先進テクノロジーも、人権を抜きに考えることはできません。これもクリエイティブ・エシックスが重要視されるようになると私が考える理由のひとつです。

しかし、ここまで読んできた中には、こんな風に思う方もいるでしょう。

「人権、人権というけれど、現実世界は人権侵害にあふれている。女性や障害者、LGBTQ＋の差別だって横行している。人権なんてただの理想論、綺麗事だ」

確かに、その通りです。世界人権宣言の第一条「すべての人間は、生れながらにして自由であり、かつ、尊厳と権利とについて平等である。」の言葉通りに世界が動いていると感じている人は、ほとんどいないでしょう。

しかし、それでも現代社会は人権をOSとして動いている
のです。この問題は長期的な時間軸で考える必要があります。
まずは人権という概念が生まれた歴史的背景を見てみましょ
う。

04. 近現代史は 人権拡張の歴史である

　2024年に開催されたパリ五輪の開会式では、ギロチンに
かけられたマリー・アントワネットが登場する演出が話題に
なりました。平和の祭典なのに、なんて血なまぐさい演出だ
ろうと、驚いた人も多いと思います。しかし、フランス国民
にとっては納得の演出でしょう。マリー・アントワネットや
ルイ16世が斬首されたフランス革命こそが近代フランスの
出発点であり、人権をOSとする現代社会の出発点だからです。
自国を世界にアピールする場であるオリンピック開会式で、
それを表現するのは当然のことではないでしょうか。

　1789年のバスチーユ牢獄襲撃から1804年のナポレオン戴
冠までの間に起きたフランス社会の変革を、フランス革命と
呼びます。数々のドラマに彩られたこの革命のもっとも重要
なポイントは、社会の主役が「王族」から「市民」に交代し
たことにあります。王族や貴族、聖職者の特権を否定するた
めに、すべての人に人権があるという考えが打ち出されたの
です。1789年8月26日に採択されたフランス人権宣言は、人

権の普遍的な理念を初めて明文化した文書として知られています。その第一条は「**人は、自由かつ諸権利において平等なものとして生まれ、そして生存する**」というものです。先に紹介した世界人権宣言 第一条「すべての人間は、生れながらにして自由であり、かつ、尊厳と権利とについて平等である」が、ここから取られていることがわかります。

「人は、自由かつ諸権利において平等なものとして生まれ、そして生存する」。実に美しい文章です。それこそ「世界を今より良い場所にする」という志が感じられます。**しかし、フランス革命の内実がフランス人権宣言通りだったかというと、残念ながら全く異なります。**

革命の結果、市民の参政権が認められましたが、それは非常に限定的なものだったのです。参政権を持つことができたのは25歳以上の男性市民であり、さらに一定の税金を納めるなどの条件を満たす者に限られていました。**女性参政権は一切、認められませんでした。**また、**植民地における奴隷制度が続いており、黒人奴隷の人権は無視されていました。**

フランス人権宣言は「人は、自由かつ諸権利において平等なものとして生まれ、そして生存する。ただし、**女性と有色人種は除く**」という、偽善と批判されても仕方のないものだったのです。その後のフランスは恐怖政治から対ヨーロッパ戦争、帝国主義へと、血塗られた歴史を歩むことになります。

しかし、だからといってフランス人権宣言に意味が無かったということになりません。「人は自由かつ平等」と宣言し、それをベースにした社会を築き上げた以上、「ただし一部を除く」等というごまかしには無理が出てくるのです。そして、長い時間をかけてごまかしは批判され、是正されていくことになります。1848年には奴隷制が廃止されます。1944年には女性参政権が認められました。1948年には世界人権宣言が国連で採択され、国際社会が人権OSで動くようになったことは先述した通りです。

　近現代以降、続いてきた人権保護の拡張が、働く女性やLGBTQ＋、障害者、少数民族といったマイノリティにまで及ぶようになったのが現代だと、私はとらえています。

　人類が230年以上の時間をかけて歩んできた道のりの先にあるのが、クリエイティブ・エシックスなのです。

05. 世界えん罪の日 新聞広告

　人権保護と聞くと、弁護士など専門家の役割だと思われるかもしれません。しかし、繰り返し書いてきたように、人権は国際社会のOSです。OSである以上、専門家だけではなく、すべての人によって運営・保守されなければいけません。その例として、本章の最後に、人権保護をテーマとした広告クリエイティブを紹介します。

国内外で批判されている日本の人権侵害に「人質司法」が
あります。被疑者・被告人が罪を認めないと身体を拘束し、
自白を強要することを指します。勾留はいつ終わるかわから
ず、その間は家族や職場、友人への連絡も禁止されます。あ
まりの過酷さに絶えられず嘘の自白をしてしまい、えん罪被
害（えん罪＝無実の人に犯罪者として罪を被せること。国家による最大の
人権侵害の一つとされる）に遭う人が後を絶ちません。

　国際人権NGOのヒューマン・ライツ・ウォッチ（HRW）と、
えん罪被害者を支援する一般財団法人イノセンス・プロジェ
クト・ジャパン（IPJ）は長年、人質司法の問題に取り組んで
来ました。人質司法の撤廃には、世論の高まりが必要です。
しかし、この問題は一般的にはあまり知られていません。最
近はえん罪事件の報道が増えていますが、自分の身にふりか
かると思っている人は、決して多くありません。そこで必要
とされたのが、広告のノウハウです。両組織から私に依頼が
あり制作したのが、「世界えん罪の日」の新聞広告です。

　毎年10月2日は、えん罪に対する問題意識を高めることを
目的とした「世界えん罪の日」です。国際的なえん罪救済団
体のネットワークである「イノセンス・ネットワーク」によ
って2014年に創設されました。新聞広告は、2023年10月2日
に日本初の「世界えん罪の日」アクションとして実施されま
した。

第３章　「人権」

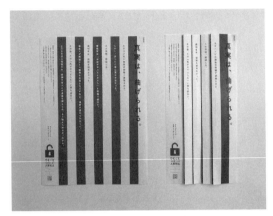

CW:橋口幸生　AD:岩下智

広告には、次のようなコピーが掲載されています。

真実は、曲げられる。

Aはコンビニ強盗の容疑で逮捕された。
しかし、まったく身に覚えがなかった。
Aは当初、黙秘した。
警察官は「お前がやったんだろう」と怒鳴り続けた。
裁判官は、保釈を認めなかった。
被告人が黙秘したり無罪を主張したりすると、保釈が認められにくい。
その後、Aは「私がやりました」と罪を認めた。
300日以上勾留され、家族や友人との連絡も禁じられ、もう耐えられなかったから。

ボディコピーの内容は、実際のえん罪事件に基づいたフィクションです。広告に入っている折り目に沿って折ると、内容が変わります。

Aはコンビニ強盗の容疑で逮捕された。

Aは当初、黙秘した。

裁判官は、保釈を認めなかった。

その後、Aは「私がやりました」と罪を認めた。

私たちが目にする事件報道の多くは、捜査当局の発表をそのまま記事にしています。取り調べで行われている人質司法の実態が報じられないことが多いのです。この事実を、実際に手に取って読まれる新聞の特性を活かしたアイデアで表現しています。

翌年2024年の10月2日には、第2弾の新聞広告「「**正義**」は**暴走する。私たちが止めないかぎり。**」が実施されました。

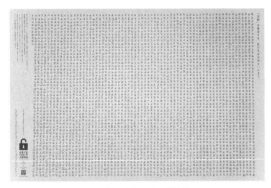

CW：橋口幸生　AD：岩下智

　広告が掲載される直前の9月26日に、袴田事件のえん罪被害者である袴田巖さんが再審無罪となりました。袴田さんは逮捕後、無罪を主張していましたが、人質司法に耐えられず嘘の自白をしてしまいました。**結果、有罪とされ、釈放されるまで47年7ヶ月9日、日数にすると17,388日もの間、拘束されていたのです。広告には袴田さんの拘束日数を5で割った3477個の「正」の字が掲載されています。**

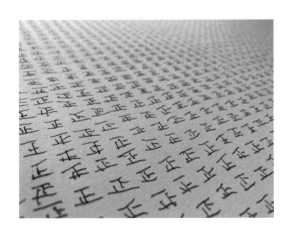

ウェブでの拡散を狙って、モーメント（記念日や季節のイベントなどのこと）に合わせて新聞広告を実施するのは、広告の世界では定番の手法です。今回は商品やブランドではなく、人質司法への関心を高めるために利用しました。

人質司法以外にも、社会は様々な人権侵害があり、専門家や当事者が解決に向けて奔走しています。その中で、クリエイティブ・エシックスを持った広告クリエイターが貢献できる場面は、これからどんどん増えていくでしょう。**あなたの身近にも、何らかの人権課題があるはずです。その解決に、自分が持つ広告クリエイティブやビジネスのノウハウで貢献できる部分はないか考えてみてください。**

そこには新しい広告の可能性が広がっているはずです。

≫ 3章のまとめ

❷人権は、気持ちや感情ではなく、法律で規定されている。

❷人権は、国際社会のOS。世界のほとんどの国が加盟する国連も、人権を基盤として運営されている。

❷人権は、AIの安全性を高める目的にも活用されている。

❷フランス革命以降、人権で保護される対象は、一貫して拡大してきた。

第4章

ジェンダー

前章では、すべてのクリエイティブ・エシックスの土台となる「人権」について記しました。本章からは、個別のテーマを掘り下げていきます。まずは「ジェンダー」です。広告炎上の多くはジェンダーにまつわるものなので、注意している人も多いでしょう。まずは定義から紹介しましょう。

01. 広告とジェンダーバイアス

ジェンダーとは、**"生物上の雌雄を示すセックスに対し、歴史的・文化的・社会的に形成される男女の差異"**[18]のことを指します。これまで「男らしさ」や「女らしさ」は、「生物学的」に決まっているもの、と認識されてきました。しかし、これらの多くは「歴史的・文化的・社会的に形成されたもの」だとして、今では見直しの対象になっています（「生物学的」という言葉も、サイエンスとは無関係に既存のジェンダーバイアスを肯定するために使われがちなので、注意が必要です）。

たとえば「女性は自動車の運転が苦手」と言われることがあります。しかし、自動車の開発者の多くは男性です。自動車と関連が強い機械工学と電気・電子工学分野を学ぶ学生のうち女性は、それぞれ8〜9％にとどまるというデータもあります。[19]　男性中心の開発体制の下、男性が運転しやすい自動車が開発される社会構造を無視して、「女性は自動車の運

---

18. 三省堂『スーパー大辞林3.0』
19. 旺文社 教育情報センター「理系女子入学者数調査2016」より

転が苦手」というジェンダーバイアスが広まっているのです。

　情報を整理し、短時間で伝えることが求められるのが広告です。CMなら15秒か30秒、長くても数分しかありません。新聞広告やポスター、バナーなどのグラフィックも、ほとんどの人はチラッと目にするだけです。**記号的に、瞬時で情報を伝える構造上、ステレオタイプな表現が増えやすいのです。**登場人物が「主婦」であることを伝えるために、「エプロンをつけた女性」として表現する、といった具合です。**最近では、ここまであからさまなものを目にする機会は減りましたが、まだまだ広告表現にはジェンダーバイアスがあふれているのが現状です。**たとえば、看護師募集の広告に登場するモデルが女性だけで、男性がいなかったことがありました。説明するまでもなく、看護師は性別に関係なく従事できる職業です。ケア＝女性というジェンダーバイアスが見て取れます。男性タレントと女性タレントが登場する広告で、女性タレントだけが仕事と家庭の両立に苦労する姿が描かれたこともありました。これだけ女性活躍が叫ばれるようになっても、家庭＝女性のものというジェンダーバイアスは払拭されていないのです。

　ぜひ、ジェンダーバイアスを発見するという意識を持って、社会を観察してみてください。なぜ受付に座っているのは女性なのか？　なぜ街の彫刻は裸婦像が多いのか？　なぜ同じ競技でも、女性選手のコスチュームは体のラインが強調され

ているのか？　など「**女性らしさ**」を決めているのが、「**生物学**」ではなく、現代社会のマジョリティである異性愛者の**男性の目線であることに気がつくはずです**（男性にまつわるジェンダーバイアスについては後述します）。

　そして、ジェンダーバイアスが生みだしたものの中で、もっとも女性の生きづらさにつながっているのが、**セクシャル・オブジェクティフィケーション**（Sexual Objectification）です。

02. セクシャル・オブジェクティフィケーション

　セクシャル・オブジェクティフィケーションは、直訳すると「**性的モノ化**」という意味になります。**女性を生身の人間ではなく、性的なモノとして扱うことを指します。**少し前まで居酒屋によく貼られていた水着女性のポスターなどが、わかりやすい例です。現代の目線で見ると当惑させられますが、当時は誰も（おそらく女性であっても）、違和感を覚えていませんでした。ジェンダーバイアスはあまりに当たり前に存在しているため、バイアスと意識することが困難なのです。これを**無意識のバイアス＝アンコンシャス・バイアスと言います。**

　映画やドラマと違い、広告は自らの意思と関係なく目に飛び込んでくるものです。**広告は企業の商業表現であるだけではなく、高い公共性を持っていると言えます。**その広告がセ

クシャル・オブジェクティフィケーションであふれていることが社会に与える負の影響は計り知れません。

ここで問題を整理しましょう。**ジェンダーバイアス**には「**構造**」と「**歴史**」があります。

> **≫　ジェンダーバイアスの構造と歴史**
>
> **構造：**
> 当事者の女性ではなく、(異性愛者の) 男性によって「女性らしさ」というジェンダーバイアスが形成されている。
>
> **歴史：**
> ジェンダーバイアスは、広告をはじめとした様々なメディアで表現されてきた（その表現の一部が、女性を性的なモノとして扱う「セクシャル・オブジェクティフィケーション」）。結果、ジェンダーバイアスは社会のいたるところに当たり前に存在しており、多くの人はそれがバイアスと気づいてすらいない。こうしてアンコンシャス・バイアスは社会に定着し、再生産され続けている。

今日、ジェンダーバイアスに向けられる目は厳しく、広告や著名人の失言などがしばしば炎上するようになりました。その際、炎上を起こした当事者の多くは「誤解を与えたなら申し訳ない」「傷ついた人がいるなら謝罪する」という、テンプレートのような謝罪コメントを出します。炎上を受けた

議論も「私は傷ついた」「いや、気にならなかった」というものに終始しがちです。**しかし、ジェンダーバイアスは「傷つく／傷つかない」という個人の「気持ち」ではなく、「構造」と「歴史」の問題です。**この認識が社会的に共有されていないので、同じような炎上が繰り返されます。

こうした「構造」と「歴史」を踏まえた上で、現在、広告クリエイティブの世界では、ジェンダーバイアスの解体が行われるようになりました。

03. Libresseが描く、女性の身体と性のリアル

「性的なモノ」としてではなく、女性のリアルな身体と性を描く広告で、世界の最先端にいるブランドがLibresseです。英語版Wikipediaによると、1940年代にスウェーデンで誕生した生理用品ブランドで、国によってブランド名を変えながら世界中で販売されています。2017年の#BloodnormalというCMで一躍、注目されるようになりました。

「#Bloodnormal」(2017)

第4章 「ジェンダー」

　これまで**生理用品のCM**では、経血は青いインクで表現されてきました。しかし、「#Bloodnormal」は史上初めて、**血液の色に近い赤いインクを使ったのです。**CMには男性が生理用品を買うシーンや、シャワー中の女性の足を血液がつたうシーンも登場し、これまで広告が避けてきた生理のリアルを前面に押し出しました。

　生理をタブー視することが女性の自己肯定感を低めているというのが、ブランドの問題提起です。実際に、生理をからかわれたことが原因で13歳の少女が自殺したという、痛ましい事件も起きています。[20]　「**生理はふつうのこと。だから、ふつうに描くべきだ**(Periods are normal, Showing them should be too.)」というブランドの主張がCMのキャッチフレーズに

---

20. カンヌライオンズ公式サイトより引用

明快に示されています。

「#Bloodnormal」は45億インプレッションというPR露出を記録する話題のキャンペーンとなりました。しかし、すべてがポジティブな反応だったわけではありません。「こいつらはマーケターじゃない。売春婦やポン引きだ」など、誹謗中傷も寄せられました。「炎上」と片付けられてもおかしくない結果です。しかし、Libresseの歩みは止まりません。続く2018年、さらに過激なウェブムービー「Viva la Vulva」を公開しました。

「Viva la Vulva」(2018)

Vulvaとは英語で女性器を意味します。タイトル通り、CMに登場するのは、貝や花、お菓子などに見立てられた女性器です。

こちらが、CMソングの歌詞です。

♪

We've come a long, long way together

Through the hard times and the good

I have to celebrate you baby

I have to praise you like I should

You're so rare

You're so fine

I'm so glad you're mine[21]

和訳：

私たちはずっと、一緒にやってきた

良いときも、悪いときも

お祝いしなくちゃ

讃えなくちゃ

滅多にいない、すばらしいあなた

私のものでよかった

これはタブー視されてきた女性器や女性の性を、ポジティ

21.TAKE YO' PRAISE

Words & Music by Camille Yarbrough

Copyright © by UNIVERSAL POLYGRAM INT'L PUBLISHING INC.

All Rights Reserved. International Copyright Secured.

Print rights for Japan controlled by Shinko Music Entertainment Co., Ltd.

日本音楽著作権協会（出）許諾第2500699-501号

ブにとらえようという宣言です。CMの最後には「他の人の女性器を見たことがない」「話題にできない」といった女性たちのコメントが紹介されます。「おちんちん」と書くことはできても、同じ言葉の女性版を書けば、この本は出版禁止になるでしょう。**男性に比べて、女性の身体や性は大っぴらに語ってはいけない、スティグマ（汚名）のように扱われています。**この問題に一石を投じたのが、「Viva la Vulva」です。

　実はCMソングはオリジナルではなく、「Take Yo' Praise」という既存曲です。歌うのはカミーユ・ヤーブロウ。ミュージシャンにとどまらず、俳優や詩人、活動家としても知られる多才な女性です。彼女は「Take Yo' Praise」の歌詞についてこう語っています。[22]

> これは公民権運動に取り組んだ黒人のための曲です。真実と公平、正義のために立ち上がった人々のためのね。人類はもっと、おたがいを尊敬し讃えあわないといけません。

　ここでは、もともとは黒人差別への抗議として書かれた曲が、ジェンダーバイアスの解体として再解釈されています。「歴史」の中の異なる差別に、共通する「構造」を見出したとも取れます。**クリエイティブ・エシックスの時代においては、広告も刹那の商業表現を超えた、「歴史」と「構造」への視座を持つことが求められるのです。**

---

22. The Helard 1999年1月22日記事「Praise you, Camille（カミーユへの賞賛）」より

さらに「Viva la Vulva」から2年後の2020年、Libresseの英国版ブランドであるBodyformはウェブムービー「#wombstories」を公開しました。

「#wombstories」(2020)

「#wombstories」は、宇宙のような空間に浮かぶ「子宮」のアニメーションで幕を開けます。カットが変わると、診察台の上で施術を受ける女性が実写映像で登場します。アニメーションの子宮が、彼女のものであったことがわかります。その後、映像はアニメーションに戻り、彼女の子宮の中で少女が種まきをしている様子が描かれます。人工授精の比喩表現です。診察台の上の女性を、別の女性が見守っています。2人は子どもを授かろうとしている同性カップルなのです。

次には、男女のカップルが登場します。激しく愛し合う2人ですが、女性は妊娠を望んでいないことが、やはりアニメ

ーションで表現されます。

　そのほかにも、子宮内膜症の痛み、閉経前後の女性が経験するホットフラッシュ（ほてり）、流産、乳首のムダ毛の処理など。**これまで広告はもちろん映画やドラマでもほとんど描かれてこなかった女性のリアルな身体と性が、次々に登場します。**

　CMの最後には、

The pleasure
The pain
The love
The hate
It's never simple

和訳：

快楽
痛み
愛
憎しみ
そう単純じゃない

　というコピーが登場します。女性の多様な身体と性を切り捨て、画一化した性的なモノとして描いてきた歴史を「そう単純じゃない」と斬っているのが痛快です。

CM曲はロンドンのアーティスト、ピューマローザのデビュー曲「Priestess」が採用されています。Priestessは、キリスト教の女性聖職者や尼僧を意味します。このチョイスには、ジェンダーバイアスにおけるキリスト教の影響を批判する意図があるのかもしれません。2019年の映画『マリッジ・ストーリー』(離婚する夫婦の別れのプロセスを描いた映画です) には、こんなセリフがあります。

> 父親はダメでも許される。母親はそうはいかない。聖母マリアがいるから。聖母マリアは完璧な母親で、処女のまま出産し、ひたすら息子を支え、息子が死ねば亡骸を抱きしめる。父親はそこにいない。神は父で、天国にいるから。

　Libresseが2020年に行った調査によると、回答者の62%が、女性の健康について十分な議論がされていないと感じています。そして、女性の回答者の40%が、流産や妊娠、月経などについてオープンに話せないことが精神衛生上の重荷になったと回答しています。[23]　**#wombstoriesはリアルな女性の身体と性をオープンに描くことで、女性の健康を増進することを目指したのでしょう。生理用品のブランドとして、ビジネスの理にかなった選択です。**

---

23. 2020年2月にLibresseがイギリス、フランス、イタリア、スウェーデン、ロシア、中国、アルゼンチン、メキシコの18歳〜55歳以上の8121人（女性4113人、男性4008人）を対象に行った調査

04. 子どもとジェンダーバイアス

ジェンダーバイアスは歴史の中で形成されてきたと、繰り返し記してきました。これは社会レベルだけではなく、個人レベルでも同じです。生まれたばかりの赤ちゃんや幼児にジェンダーバイアスはありません。しかし成長する中で「男の子は青で女の子はピンク」といった社会のジェンダーバイアスに接し、それを内在化してしまうのです。

京都大学の森口佑介准教授の研究によると、「女性は優しい」という固定観念は4歳ごろから、「男性は賢い」は7歳ごろから形成されるようです。

森口准教授は、こうした固定観念が形成される原因はわかっていないものの、

> 親が何気なく発言する男性とは／女性とはだったり、教師の関わりや子ども同士の関わりなど、さまざまな要因がこうしたステレオタイプに影響を与える可能性がある。

とコメントしています。[24]

---

24. ネイチャー 2022年10月11日掲載論文「Gender stereotypes about intellectual ability in Japanese children（日本の子どもの知的能力に関するジェンダーステレオタイプ）」
25. Science 2017年1月27日掲載論文「Gender stereotypes about intellectual ability emerge early and influence children's interests（知的能力に関するジェンダーステレオタイプは早期に現れ、子どもの興味に影響を与える）」

また米国イリノイ大学は、多くの女の子は6歳ごろから「賢いのは男性」という固定観念を信じ込むという実験結果を発表しています。そして、それは小学校に入学して男の子のほうが好成績だからではなく、先生や友人、様々なメディアに接するにつれ、イメージが刷り込まれるからだと指摘しています。たとえば、マンガやアニメに出てくる博士が男性だったり、ドラマでの医者役の多くが男性であったり、という具合です。[25]

広告には人間をステレオタイプに描きがちな構造があることは、先に記した通りです。他の表現以上に、子どもたちにジェンダーバイアスを刷り込んできた面はあるでしょう。しかし、**ここでも問題解決に向けた取り組みが始まっています。**

05. Always「Like a girl」(2015)

2015年、P&Gの生理用品ブランド「Always」は「Like a girl（女の子らしく）」と題されたウェブムービーを公開しました（「#Bloodnormal」の2年前です）。

ウェブムービー冒頭で、大人たちが**「女の子らしく走ってみてください」**と言われます。すると、皆一様にカラダをクネクネさせた、「女の子らしい」走り方をします。男性だけではなく、女性も同様です。

続いて、小さな女の子たちが、同じ質問をされます。すると、子どもたちは大人と違って、元気に全力疾走するのです。

ムービーは「女の子の自己肯定感は、思春期に下がる」「**女の子らしく"を素晴らしい意味にしよう**」という呼びかけで幕を閉じます。

Alwaysは生理用品としての優れた機能性で、女性の自己肯定感を高めることをブランドのパーパスにしてきました。半数以上が自己肯定感の下落を経験するという思春期の女性に、「自分のブランド」と思ってもらうことが、このムービーの広告目的です。動画は20ヶ国以上で公開され、大ヒットしました。[26]

次に紹介するのは、私がクリエイティブ・ディレクター／コピーライターとして関わった、日本の事例です。

06. ITOCHU SDGs STUDIO 「キミのなりたいものっ展? with Barbie」(2023)

2023年3月2日、世界銀行が190の国と地域におけるジェンダー格差の調査結果を発表しました。日本のランクは104位

---

26. カンヌライオンズ公式サイトより引用

で、先進国で最下位です。「年金」や「資産」「育児」などでの男女格差は少ないものの、「職場」や「賃金」の面で格差が是正されていないと指摘されています。

世界経済フォーラムのジェンダーギャップ指数でも、日本は毎年、先進国最低レベルとなっています。ただ、この調査でも「教育」や「健康」の順位は世界トップレベルで、「政治」と「経済」のスコアの低さが足を引っ張っています。

つまり日本のジェンダー問題は、「女性の社会参加のしづらさ」にあるのです。この問題を親子で考えるために企画されたのが、ITOCHU SDGs STUDIOで2023年に開催された「キミのなりたいものっ展？ with Barbie」です。ITOCHU SDGs STUDIO は、伊藤忠商事が「自分に合ったSDGsとの関わり方に出会える場」として運営する情報発信拠点です（2025年時点）。SDGs目標 5 「ジェンダー平等を実現しよう」実現のために、バービーとのコラボレーションのもと、「キミのなりたいものっ展？ with Barbie」は開催されました。

バービーを発売しているマテル社は、小学校1年生から4年生の子ども達とその親を対象に、職業とジェンダーバイアスについて調査を行いました。その結果、**子ども達の81.8%が、消防士に対して男の子のイメージを抱いている**ことがわかりました。**大統領／総理大臣、宇宙飛行士、パイロットといった職業も、70%以上が「男の子のイメージ」**と回答してい

ます。

　こうした職業にまつわるジェンダーバイアスを問い直すために、会場にはバービーやケンのドールやグラフィックが60種以上陳列されました。歌手、宇宙飛行士、極地海洋生物学者など、その職業は多彩です。バービーのコンセプトは「**You can be anything**」＝「**あなたは何にだってなれる**」。バイアスにとらわれず自分の可能性を広げることを子どもたちにメッセージしてきたことが、そのラインナップからもわかります。

　展示には当時の駐日英国大使をはじめ、多くの著名人が来場。来場した子どもたちの94%が「何にだってなれると思っ

「キミのなりたいものっ展？ with Barbie」　企画制作：電通＋電通ライブ＋J.C.スパーク　エグゼクティブCD：北風祐子　CD・CW：橋口幸生　CW：新井奈生、長谷川輝波　AD：木村里奈　クリエイティブテクノロジスト・企画：油井俊哉　企画：尾崎賢司、長谷川輝波　アカウントエグゼクティブ：内山瑞貴、高橋知也、盛晋太郎　PRプランナー：大林由季、古池茜　デザイナー：片邊いずみ、原嶋妙英　監修：海東彩加　クリエイティブPR：永川裕樹、大野萌笑

た」という感想を残しています。

　バービーの生みの親は、マテル社創設者のひとりであるルース・ハンドラーという女性です。彼女は、男の子は宇宙飛行士や消防士になりきって遊ぶ一方、女の子は母親や病気のお世話をする人になるごっこ遊びをしていることに気づきました。**女の子も性別に関係なく未来が選べることを、遊びを通じて知ってもらうために作られたドールが、バービーなのです。**

　バービーは1959年に発売され、世界的なヒット商品になりました。1962年、女性が銀行口座すら開設できなかった時代に、最初のドリームハウスを発売。女の子が、自分の家を持つことをイメージして遊べるようにしました。1965年には、宇宙飛行士バービーが発売。男性宇宙飛行士が月面に立つ4年前に、バービーは宇宙に行っていたのです。1980年にはアフリカ系やヒスパニックのバービーが登場。1985年にはCEOバービーが、1992年には大統領候補バービーが登場しました。これまでバービーがチャレンジしてきた職業は200以上と言われています。

　ジェンダーバイアスの解消を原動力にビジネスを拡大してきたバービーは、クリエイティブ・エシックスの先駆者と言えそうです。

07. ルッキズム

　セクシャル・オブジェクティフィケーションと並んで、現代人の生きづらさの原因となっているのが「ルッキズム」です。**ルッキズムとは、ルックス＝外見や身体的特徴による差別を指します。**1970年代にアメリカのメディアによって作られた造語で、外見を意味する「look」と、主義をあらわす「ism」を組み合わせてできたものです。

　外見といっても色々ありますが、日本のクリエイティブの世界におけるルッキズムは、「**美男美女至上主義**」と言い換えられるのではないでしょうか。

　広告に限らず、映画、ドラマ、アニメからゲームまで、日本のありとあらゆるメディアは、美男美女で埋め尽くされています（ほとんどの場合、美男美女たちは若いので、エイジズム＝年齢差別の要素もあります。外国人モデルの場合、多くは白人なので、レイシズムも入ってきます）。商業表現を成功させようとしたとき、「若い美男美女を使う」という手法は誰にでもわかりやすく、採用されやすいのでしょう。物事の好みは人それぞれですが、若い美男美女が大嫌いという人は滅多にいません。合議制で全員が納得するまで決済が下りない日本の商習慣の中で、「若い美男美女」は最大公約数として重宝されるのだと思います。

ルッキズムが問題視されるのは、人々、特に若者の心身に看過できない悪影響があるからです。

プラン・ユースグループが2022年に行った15〜25歳の若者への調査では、「自分の容姿について悩んだことがありますか」という質問に対して、全体の約9割の若者が「いつも悩んでいる」もしくは「悩んだことがある」と回答しました。[27]ルッキズムによって引き起こされる健康被害に「摂食障害」があります。痩せたいと願うあまり食べることができない、食後に吐く、意図的に下痢を起こすといった症状があらわれます。命の危険に及ぶことも珍しくありません。

醜形恐怖症というものもあります。自身の外見に欠点があると思い込み、外出ができなくなってしまうなど、日常生活に支障をきたしてしまうのです。危険な美容整形を繰り返し行うなどして、深刻な事態に陥ることもあります。

そもそも人間の外見に絶対的な「美しさ」などはなく、その定義は時代とともに移り変わります。浮世絵の美人画を、現代の感覚での「美人」だと思う人は、ほとんどいないでしょう。「美しさ」という曖昧な尺度のみで多様な人間のあり方を測ることに、そもそも無理があるのです。

---

27. プラン・ユースグループ「ユースを対象にした容姿に対する意識調査」

ルッキズムが、別の差別へと連鎖することも珍しくありません。たとえば、特定の人種が持つ身体的特徴が他の人種より優れていると主張すれば、それはレイシズム＝人種差別になります。女性を外見だけで判断することは、先述したセクシャル・オブジェクティフィケーションにつながります。最近は、筋肉が多いなど「男性的」とされる身体的特徴を持つ女性アスリートがトランスジェンダーと決めつけられ、中傷されることが増えました。セクシャル・マイノリティへの差別です。

　私は、2016年7月26日に起きた津久井やまゆり園事件にも、ルッキズムの影響があると考えています。相模原の障害者施設「やまゆり園」に入居していた障害者19人が犠牲となった大量殺人事件です。施設で職員として働いていた容疑者は、意思疎通の取れない障害者は社会的コストをかけて生かす価値はないという内容の主張をしていました。ソーシャルメディアでは同調する声も相次ぎ、優生学的思想が根強く残る日本社会の危うさが顕在化されました。

　容疑者は、やまゆり園職員として障害者と日常的に接するようになる以前から容姿へのコンプレックスに悩んでいました。犯行前には、あごの周りの脂肪を取る「脂肪溶解注射」という、5万円程度かかる施術を受けていました。その後、50万円かけて鼻を整形。犯行直前となる6月には、目を大きくし二重まぶたにする約25万円かかる切開手術を受けてい

ます。髪を金髪に染めたのも犯行直前です。[28]　整形に80万円もの費用をかけたことを取材で問われると、「美しさにはそれだけの価値がある」と返答しています。[29]

　容姿の美しさは、「足が速い」や「頭が良い」と、同じようなレイヤーの尺度だと私は考えています。数ある人間の魅力や能力のひとつでしかなく、相対的なものです。**相対的な尺度の絶対視は、尺度から外れたものへの加害性を高めることにつながります。**ナチスが白人的美しさを非常に重要視していたのは、よく知られている事実です。

　たとえ美男美女であっても、ルッキズムの下では幸せになることはできません。ルッキズムにおける美男美女は、世間による「美しさ」の基準に適合した人なので、いつでも取り替え可能な存在なのです。年を取り容姿が衰えたり、「美しさ」の流行が変わったりすれば、用済みになってしまいます。むしろ美男美女であるほど、重いプレッシャーにさらされているのではないでしょうか。

　広告にはルッキズムを商業利用してきた長い歴史があり、今でもそれは続いています。しかし、ルッキズムの負の側面に多くの人が気づいた今、それを見直す動きも広告の中から

---

28. NEWSポストセブン2016年8月3日記事「植松聖容疑者　犯行直前の美容整形手術費用は80万円」
29. 神奈川新聞 2019年4月8日記事「被告と接見19回、手紙34通　ゆがんだ正義と心の闇」

現れています。

その代表的な事例が、Doveの「Real Beauty Campaign」です。

08. Dove「Real Beauty Campaign」

Doveの「Real Beauty Campaign」は20年以上の長きにわたり、一貫してルッキズムの問題に取り組んでいる先駆的なキャンペーンです。第1章、第3章でも紹介した「Evolution」は、「Real Beauty Campaign」の一部として制作されました。

2004年にキャンペーン開始

「Real Beauty Campaign」がスタートしたのは、2004年です。まずDoveは女性が自分の外見をどう捉えているかについての世界的な調査を実施し、その結果をホワイトペーパーとして発行しました。**調査によると、自分のことを美しいと思っている女性は全体のわずか4%だそうです。**

次に、「Beyond Compare: Women Photographers on Real Beauty（比較を超えて：女性フォトグラファーが撮った、ほんとうの美しさ）」というタイトルの写真展を開催しました。写真展には、アニー・リーボヴィッツのような著名人も含む、67名の女性フォトグラファーが参加しました。

その後、ポスターのシリーズ広告が実施されました。ポスターに起用されたのはプロのモデルではなく、一般の女性達です。

第1弾のポスターでは、自然な体型をした女性たちが並んでいます。全員、下着姿ですが性的要素の強調はなく、健康的なイメージです。キャッチフレーズは「new Dove Firming. As tested on real curves.」です。「Firming」は、日本語で「引き締め」という意味です。この場合、Doveの肌の引き締め効果を強調したボディケア製品を指しています。**Dove Firmingは痩せ過ぎでも画像加工ソフトによる処理後でもない、自然な体型をした現実の女性のために作られていることをメッセージしているのです。**

第2弾シリーズでは、微笑む白髪の中高年女性のポスターが登場しました。女性の横に「grey? gorgeous?"（白髪だと思う？ それとも美しいと思う？）」という選択肢が提示されています。同シリーズの別のポスターには、ふくよかな体型の女性に「fat? fit?（太っていると思う？ それとも自分らしい体型だと思う？）」という選択肢が載ります。**広告にあふれるステレオタイプな若い美女像に疑問を呈しているのです。**

ポスターを目にした通行人は、どちらかの選択肢を選び、携帯電話（初代iPhoneが発売される3年前の広告です）を使って投票することができます。投票結果はポスターに併設された掲示

板にリアルタイムで表示されました。

　これらのキャンペーンの結果、Doveの売上は3ヶ月で700%アップ。広告予算の30倍にあたるPR露出がありました。

　この成功を受けて、DoveはテレビCMの制作もはじめます。2006年には世界で最も注目される広告枠のひとつであるスーパーボウルで、「Little Girls」というCMを放送しました。タイトル通り、そばかすや体型など容姿に悩みを持つ一般の少女たちが登場します。彼女たちが「あなたは美しい」と伝えようと、大人の視聴者に呼びかける内容です。BGMにはシンディ・ローパーの「True Colors」が使われています。

「Daughters」から「Evolution」へ

　ネットでの拡散を目的としたバイラル動画が注目されはじめていた2006年、Doveはバイラル化を狙った「Daughters」というウェブCMを制作しました。「Little Girls」同様、容姿に悩む少女たちと母親の関係を描く内容でした。その後、「Daughters」の制作予算が余ったため作られた動画が、本書で紹介している「Evolution」です。もともとはDoveのキャンペーンサイトにアクセスし、「Daughters」を見てもらうために作られた動画でした。言わばオマケとして作られた「Evolution」が、広告クリエイティブの歴史を変えるヒット作になったのだから、世の中はわかりません。後から振り返

ると、成功は狙いすまして起きているかのように見えます。しかし、当事者はいつでも試行錯誤を重ねていることを忘れてはいけません。

「Real Beauty Sketches」(2013)

2013年4月には「Real Beauty Sketches」という動画が公開されました。先述した通り、Doveが2004年に行った調査によると、女性全体の4%しか自分のことを「美しい」と思っていません。**問題は実際の外見ではなく、女性自身が自分をどう認識しているかにあります。**「自分は自分が思うより美しい」と女性たちに気づいてもらうために、Doveはある実験を行いました。

ビデオでは、数人の女性たちと、FBIの似顔絵捜査官が登場します。女性たちはカーテンの向こう側にいるため、似顔絵捜査官からは姿を見ることはできません。まず似顔絵捜査官は、女性たち自身の説明に基づいた女性たちの似顔絵を、それぞれ描きます。次に似顔絵捜査官は、同じ女性たちの顔をもう一度描きます。ただし、今回は女性たち自身の説明ではなく、休憩中に女性たちに出会った他人による説明に基づいて描くのです。**最後に完成した似顔絵を見比べると、他人の説明に基づいた似顔絵のほうがはるかに本人に似ていて、幸せそうで、美しく見えるのです。**

動画が公開されてから2週間で、YouTubeの再生数は7340万回を突破しました。当時のYouTubeで広告史上歴代4位の記録です。ニューヨーク・タイムズやガーディアンといった主要メディアにも絶賛されました。

テクノロジーと美しさ

　「Real Beauty Campaign」は2024年で20年を迎え、現在も続いています。これだけ時間が経つと、美しさをとりまく状況も変化します。現在、社会問題になっているのは、AIなどのテクノロジーの負の影響です。

　AIには既存データを学習した上で結果を生成するため、既存のバイアスをかえって強化してしまいます。実際、AIで生成される画像の大半は、非現実的なまでにステレオタイプな若い「美女」です。

　Doveの調査によると、76％の女性が「健康的に見える」必要があると感じ、68％が「スリムであること」、64％が「細いウエスト」、57％が「丸みをおびた体型」であるべきだと感じています。3人に2人は、現在の女性は母親世代よりも、外見的に魅力的であることが求められていると感じています。[30]

　こうした状況を受けて、**Doveは広告にAI生成コンテンツ**

を一切使用しないという宣言をしています。AIを否定する
だけではなく、「リアルビューティー・プロンプト・プレイ
ブック」という、AIで多様性のある美しさを実現するため
のツールの無料配布も行いました。他にも様々な取り組みが
あるので、その一部を紹介します。

「Reverse Selfie」(2021)

　写真を簡単に加工して別人のような見た目に変身できる、
スマートフォンの画像加工アプリが人気です。ソーシャルメ
ディアで注目を集めるために、未成年の少女たちの間で使わ
れています。**Doveの調査によると、10代の少女の80%が13
歳までに画像加工アプリで外見を変えた経験があります。**か
つて「Evolution」で描かれた加工を、**一般の少女たちが、
自分の外見に対して行えるようになってしまったのです。**画
像加工による歪んだ自己認識は醜形恐怖症や、整形手術の件
数の上昇、自殺する十代の少女の増加といった事態を引き起
こしています。[31]

　この問題に警鐘を鳴らすために2023年に行われたキャン
ペーンが「Reverse Selfie」です。**テレビCMでは、画像加
工で作られた不自然な美女が逆再生され、健康的な、ふつう
の少女に戻っていく様子が描かれます。**出演しているのは子

---

30. ユニリーバ 2024年レポート「The Real State of Beauty: A Global Report」
31. カンヌライオンズ公式サイトより引用

役ではなく、ふだんから画像加工アプリを使用している一般の少女です。CMの最後には、この問題について母と子で話し合うよう呼びかけられています。「Evolution」を現代的にアップデートした内容であり、美しさについて20年間考えてきたDoveだからこそ作れたCMです。

「#TurnYourBack」(2023)

ソーシャルメディアのアプリには、顔を変えられるフィルター機能がついているものがあります。もともとは犬の耳をつけたり、王冠をかぶせたりといった他愛のないものでした。しかし、AIの登場によって事態は一変します。

2023年に登場したTikTokのBold Glamourは、史上初めてのAIを使ったフィルターです。顔にセレブリティ風のメイクを乗せられるという機能そのものは、目新しいものではありません。**問題は、現実と見分けがつかないくらい精度が高かったことです。**顔の角度を変えたり、変顔をしたり、顔を手で隠したりしても、フィルター加工は崩れません。実際の本人の顔に見えてしまうのです。Bold Glamourは瞬時に世界的な大ヒットフィルターになりました。Doveの調査によると、54%の女性が加工された写真の外見の方が好きだと感じています。美の押し付けの究極形と言ってもいいフィルターです。

Doveが取った対抗策はシンプルでした。**Bold Glamour**

に抗議の意思を示すために、「#TurnYourBack」というハッシュタグをつけた上で、スマートフォンに背を向けた姿をTikTokにアップするよう呼びかけたのです。Bold Glamourはインフルエンサーが使ったことでヒットしました。そこでDoveは、Bold Glamourがヒットしてから24時間以内という驚異的スピードで、8つの市場で68人のインフルエンサーを動員。「#TurnYourBack」への参加を呼びかけました。

「#TurnYourBack」は、ハッシュタグチャレンジなので、Doveによる取り組みとはわかりません。ムービーやポスターのようなアウトプットもないので、Doveのロゴやコピーを目にする機会もあまりありません。それでも61%の人々が、Doveによるキャンペーンだと認識しました。また、「#TurnYourBack」を紹介した記事の71%がDoveにタイトルで言及しました。購買意向がアメリカで17%、イギリスで7%増加するという結果も残しています。[32]

Dove以外のブランドが同じことをしても、これほどの結果は出せなかったでしょう。20年間の「Real Beauty Campaign」の積み重ねがあってこそです。

ここで紹介した以外にも、Doveは数多くの企画を実施しています。中には話題にならなかったものや、評価されなか

---

32. カンヌライオンズ公式サイトより引用

ったものも多くあります。**しかし、短期的な結果を求められ
るビジネスの世界にあって、長期的な視野で取り組んできた
ことが、Doveにビジネス上の成果をもたらしています。**
2023年、Doveは過去10年以上で最高の成長を達成し、60
億ユーロを超える売上を達成しました。[33]

　美しさをはじめとした人間性の根幹の部分を取り扱うのが、
クリエイティブ・エシックスです。すぐには結果が出ないこ
とや、時代に振り回されることもあるでしょう。しかし、中
長期的に腰を据えて取り組むことが大切です。その成果は、
少々のことでは揺るがない、ブランドの確固たる資産になり
ます。

　**目先のトレンドを追う従来の広告がフローだとすれば、ク
リエイティブ・エシックス広告はストックなのです。**

09. 男性にとってのジェンダー問題

　ここまで女性にまつわるジェンダーバイアスと、それが引
き起こす性的モノ化、社会参加のしづらさ、ルッキズムといっ
た問題を取り上げてきました。一般的に、ジェンダーバイ
アスは女性の問題と思われているふしがあります。**しかし、
当然ですが、男性にもジェンダーバイアスにまつわる問題は
あります。**

有害な男らしさ

あなたは「男らしさ」と言われて、何を思い浮かべますか？たとえば「**力強い**」「**荒っぽい**」「**寡黙**」…といったところでしょうか。近年、こうした「男らしさ」は、女性はもちろん男性自身にも負の影響をもたらすことから、「**有害な男らしさ（Toxic masculinity）**」として批判的に検証されるようになりました。

2019年のニューヨークタイムズの記事は、「有害な男らしさ」の特徴を3つにまとめています。1つ目が「**感情の抑圧または苦悩の隠蔽**」、2つ目が「**表面的なたくましさの維持**」、3つ目が「**力の指標としての暴力**」です。[34]　また、社会心理学者のロバート・ブラノンとデボラ・デイビッドは、「男性性の4要素」として「意気地なしはダメ」「大物感」「動じない強さ」「ぶちのめせ」を挙げています。[35]　こうした「有害な男らしさ」の先にあるのは、同質性の高い男性社会の中で社会的成功を追い求め、危機的状況にも動じず、時には暴力的になることも厭わない男性像です。ビジネスや政治の世界での成功者に、こういうイメージを抱いている人は多いのではないでしょうか。

---

33. ユニリーバ 2024年4月23日ニュースレター「20 years on: Dove and the future of Real Beauty（20年の時を経て：DoveとReal Beautyの未来）」
34. The New York Times 2019年1月22日記事「What Is Toxic Masculinity?（有害な男らしさとは？）」
35. 『男らしさの終焉』グレイソン・ペリー著（2019年、フィルムアート社）

高度経済成長期での日本社会では、良くも悪くもこうした「男らしさ」が社会の中で機能していた部分がありました。人口が増え、右肩上がりの経済成長が続く中、商品の性能を向上することが幸せに直結した時代です。男には「企業戦士」として、会社で長時間残業をすることが求められました。一方、女は専業主婦として炊事や洗濯、育児といった家庭内の労働を無償で担いました。社会が求める「男らしさ」「女らしさ」に馴染めない人にとっては、現代よりはるかに生きづらい時代だったことは否めません。しかしこうした体制の下で、日本は世界でもトップレベルに入る、物質的には豊かな社会を築き上げました。これ自体は、評価されるべきことです。

　しかしその後、社会情勢は大きく変わります。2008年には日本の人口は減少に転じ、これまでのような経済成長は望めなくなりました。長時間働けば働くほど利益が出るような社会ではなくなったのです。さらに「より大きく」「より速く」といった、商品のスペック面での進歩が頭打ちになりました。消費者の好みも多様化し、スペック以上の魅力を持った商品の開発が企業に求められるようになりました。ビジネスにおける、男性による同質性の高い組織が持つビジネス上のメリットが低下したのです。代わりに、イノベーションを起こすための多様性が重要になりました。

　少子高齢化は労働力不足という問題も引き起こします。こ

れまで家庭でケア労働を無償で担っていた女性たちが、外でも働くことが求められるようになりました。逆に男性にも、家事や育児に参加する必要性が出てきます。

旧時代の「男らしさ」「女らしさ」を保っていては、もはや社会が回らなくなっているのです。

「有害な男らしさ」は社会だけではなく、個人レベルの生きづらさにもつながっています。現在の日本では、政治家や企業トップなど、社会のリーダー層の大半が男性によって占められています。2023年度の国会議員の女性比率は16%[36]、企業の女性社長比率は8.3%[37]です。社会参加という点で、男性は圧倒的に優遇されています。

しかし、それは裏を返せば、**男性はつねに「稼がなくてはいけない」「成功しなくてはいけない」というプレッシャーにさらされている**、ということでもあります。「女は、生きてるだけで、ミスコンに強制参加させられている。」という女性に押しつけられるルッキズムを批判したキャッチフレーズがあります。**男性は男性で、生きているだけで出世レースに強制参加させられているのです。**多くの男性が「ありたき姿」と自分とのギャップに苦しんでいます。

---

36. 立憲民主党ウェブサイト2023年7月19日記事「日本の国会議員の女性比率は16.0％」
37. 帝国データバンク 2023年11月29日 リリース「女性社長比率は8.3％、過去最高も依然1割を下回る」

「有害な男らしさ」から来るストレスが、男性の生きづらさにつながっている可能性を示すデータは枚挙に暇がありません。**男性の自殺者数は、女性の倍以上です。**[38]　男性の平均寿命は、女性よりも6歳短くなっています。[39]　飲酒率や喫煙率も、男性のほうが上です。[40]　高齢者では、女性のひとり世帯は男性のひとり世帯の約2倍[41]あるのに、孤独死の8割以上は男性[42]です。

仕事に追われ、生活習慣が荒れて、心身の健康を蝕まれ、社会との接点を失っていく。これは「企業戦士の末路」そのものではないでしょうか。「**有害な男らしさ**」の超克は、**男性自身にこそ求められているのです。**

こうした社会状況を受けて、広告でも「有害な男らしさ」が批判的に描かれるようになりました。

Gillette「We Believe: The Best Men Can Be」(2019)

2019年1月14日、P&Gが展開する男性用剃刀ブランドのGilletteは「We Believe: The Best Men Can Be」というCMを公開しました。1年数ヶ月前に発生した#MeTooムー

---

38. 警視庁「令和5年中における自殺の状況」
39. 厚生労働省「令和元年簡易生命表の概況」
40. 男女共同参画局「喫煙率及び飲酒率の推移（男女別、妊娠中の女性）」
41. 内閣府「令和2年版高齢社会白書」
42. 一般社団法人日本少額短期保険協会 孤独死対策委員会「第5回孤独死現状レポート」

ブメントが世界的な広がりを見せていた時期です。2017年10月5日、ハリウッドの映画プロデューサーであるハーヴェイ・ワインスタインを告発する記事がニューヨーク・タイムズに掲載されました。ワインスタインは40年のキャリアの中で200本以上の映画を製作し、アカデミー賞の最優秀作品賞を6回受賞した大物中の大物です。記事によると、ワインスタインは30年もの間に何回も性加害で告発されながら、権力と名声を利用してスキャンダルをもみ消してきたのです。この報道を受けて2017年10月15日に女優のアリッサ・ミラノが「あなたがセクハラや暴行を受けたことがあるのなら、このツイートにMe tooとリプライして」とツイートしました。すると、レディー・ガガのような著名人を含む大勢の女性たちがリプライしたのです。その後の数週間で、#MeTooムーブメントは世界的な現象になりました。

話題をGilletteのCMに戻しましょう。テレビのニュースで#MeTooムーブメントが取り上げられる中、沈んだ表情で鏡

を見つめる男たちの表情で、CMは幕を開けます。続いて、卑猥なジョークや職場の女性へのボディタッチなど、長い間「騒ぐほどのことではない」とされてきた、男達の言動が次々とインサートされます。次に登場するのは、少年たちです。ケンカやいじめなど、「男の子らしい」で済まされてきた言動が描かれます。これを見た父親たちが立ち上がり、子ども達を諫めます。ある男性は、女性をナンパする男性を止めます。**「有害な男らしさ」に気づいた男性たちが自分を見つめ直し、自らと次世代を担う男の子たちを変えようとするというのが、CMのストーリーです。**

　アメリカでは、父が息子にひげ剃りを教える習慣があります。父と息子で「男らしさ」について考えるきっかけを与えることを狙ったのでしょう。母と娘にアプローチしたDoveと同じ戦略です。CMは公開から2日間で約400万回も再生され、多くのメディアや有識者から絶賛されました。コロンビア大学教授のジャック・ハルバーカスタムは「男性らしさの規範をめぐる文化的変化が起きていることは明らかであり、男性向けのマーケティングと男性らしさの表現方法を修正する必要があることに企業広告が気づいたという事実から、この変化が単にサブカルチャーのレベルで起こっているのではないことが窺える」とコメントしています。一方、非難の声も相次ぎました。YouTubeのコメント欄では否定的コメントが肯定的コメントを10対1で上回りました。有名なハリウッド俳優のジェームズ・ウッズはこの動画を「"男はひどい"

キャンペーン」と呼び、「二度とおたくの製品を使うつもり
なない」とボイコットを宣言しています。[43]

こうした反応を受けて、当時のGillette社のCEOであるゲ
イリー・クームはこう述べています。[44]

この動画で気分を害し、ブランドに怒りを覚える人がいる
ことは、残念に思っている。(中略)しかし、大多数の人々
が今日のブランドをより深く愛するためには、少数の人々
を動揺させる危険を冒さなければならないと考えており、
それが当社の行ったことなのだ。

このコメントには、クリエイティブ・エシックスの本質が
よく現れています。**Gilletteが「炎上するかどうか」ではな
く「世界を今より良くできるかどうか」という判断軸を持っ
ていたからこそ、このCMを公開できたのです。**

Gilletteによると、ミレニアル世代の77%がCMを肯定的に
評価し、視聴者の65%が購買意向を高めています。[45] また、
カンヌライオンズではシルバーを受賞しました。ビジネスと
して大成功と言っていい結果を出したのです。

43・44. カール・ローズ著『WOKE CAPITARISM「意識高い系」資本主義が民主主義を滅ぼす』(東洋経済新報社、2023年)
45. カンヌライオンズ公式サイトより引用

しかし、「有害な男らしさ」を批判するだけでは十分とは言えません。男性は必ずしも自分の意思で男らしく振る舞っているのではありません。本人が自覚していなくても、歴史的・構造的につくられた社会的に「男たるもの、こうあるべき」という規範に従っているだけなのです。突然「その男らしさは有害だ」と指摘されても困惑し、反発するだけで、自分を改めることはないでしょう。「有害な男らしさ」の超克には、批判だけではなく、現代にふさわしい新たな「男らしさ」が必要です。そこで登場するのが「**ケアする男らしさ**」という概念です。

PANTENE「#DADDO」(2016)

男性学・男性性を研究している多賀太教授は、「ケアする男らしさ」についてこう説明しています。[46]

「男である」ことを否定するのではなく、「有害な男らしさ」を男性たちが身に付けているために、周りの人が困っていて、男性自身も実は困っている場合がある。でも、「そうした状況は変えられる」というメッセージが世界で広がりつつあります。

たとえばEUでは、「caring masculinity」(ケアする男らしさ)という言葉が、男性の変化を導く上での1つのキャッチフレーズになっています。ここでいう「ケア」には、家事や

育児をすることや、他の人に配慮することや、そして自分自身のセルフケアも含まれます。「有害な男らしさ」の対極にある「良き男性のあり方」として、ケアの精神・態度が掲げられているのです。

ただ、ケアは従来「女らしさ」と結びつけられてきたので、ケアなんかしていたら「男らしくない」「男でなくなる」といった不安を感じる男性たちは少なくありません。だからこそ、男性たちが男としての自尊感情を保ったままジェンダー平等の担い手に変化していけるよう、「これからのイケてる男はケアする男なのだ」というポジティブなメッセージを込めた「ケアする男らしさ」という言葉が戦略的に使われているのです。

「ケアする男らしさ」をテーマにした広告として、PANTENEが2016年に実施した「#DADDO」をご紹介します。シャンプーの広告と言われると、ゴージャスな女優がサラサラの髪の毛をなびかせるようなものを想像されると思います。しかし、このパンテーンの広告に登場するのは、筋骨隆々とした屈強な男たちです。

「**#DADDOは、DAD＝お父さんに娘の髪をセットすることを呼びかけるキャンペーンです。お母さんが女の子の髪を**

---

46. 電通総研ウェブサイト 2021年7月1日記事「他人事ではない、男性にとってのジェンダー平等」

セットするのは、朝のおなじみの光景です。お母さんだけではなく、お父さんもやってみたらと提唱しているのです。

　北米心理学ジャーナルによると、父親との関係が良好な女の子は強い女性に成長するとされています。この研究結果に着目して、ヘアケアを通して父と娘の良好な関係を築くために実施されたのが「#DADDO」です。広告には役者ではなく、実際の父娘が起用されました（リアルな父娘のキャスティングにはDoveの「Real Beauty Campaign」の影響がうかがえます）。しかし、父親として選ばれたのは一般の男性ではありません。**広告に出演しているのは、NFLで活躍するアメリカンフットボールの選手たちと、彼らの娘たちなのです。**

　CMでは、選手が小さな娘の髪を、慣れない手つきでセットする様子がCMで描かれます。アメリカン・コミックスから飛び出してきたような大柄の男性が、娘の前ではデレデレになっている様子はなんとも微笑ましく、見るものの共感を誘います。CMだけではなく、YouTubeのチュートリアルビデオやパンフレット、手鏡や櫛がセットされたパッケージなども用意。ヘアサロンで体験会も開催されました。**実際に試したくなったお父さん達が行動に移せるよう、緻密なキャンペーン設計がなされていたのです。**

　「#DADDO」のCMが公開されると、1週間で4500万回再生を記録。ニューヨーク・タイムズなど多くのメディアで取

り上げられミシェル・オバマも絶賛するなど、ビューティーの領域を超えて大きな話題になりました。[47]

キャンペーンがローンチされたのは、第50回スーパーボウルが開催された2月6日の数日前です。**#MeToo運動のきっかけとなる記事をニューヨークタイムズが掲載した1年半以上前に実施されているのも特筆すべき点です。**

10. 男vs女を超えて

ジェンダーバイアスについて考えるとき、男と女の対立構造を連想してしまいがちです。たとえば、**ジェンダー平等に向けた取り組みが「やり過ぎ」と感じる日本のZ世代の男性は、同世代の女性や他世代の男性の約1.5倍に上る**という調査結果があります。[48]　一般的に「若い世代ほどジェンダー平等に前向き」という印象があるため、意外に思える結果です。

電通総研が実施した「ジェンダーに関する意識調査（2023年）」によると、全体の68.4%が「男性の方が優遇されている」と回答しています。しかし、**女性で「男性の方が優遇されている」と回答した人は79.3%もいる一方、男性は57.3%にとどまっています。**先述した世界銀行のジェンダー格差調査や国会議員、経営層に占める女性の割合から考えると、社会

---

47. カンヌライオンズ公式サイトより引用
48. 毎日新聞2024年8月23日記事「Z世代男性の3割、平等推進は「やり過ぎ」 他の世代の1.5倍」

参加という点で日本が男性優位であることは明らかです。男性優位は日本社会の「当たり前」であるため、恩恵を受ける側の男性にとっては意識されにくいのでしょう。そのような中、ジェンダー平等を男性たちが不公平に感じたとしても、無理はありません。

しかし、ジェンダー平等を不公平に感じることそのものが、男性たちが「出世レースに強制参加させられている」あらわれだと私は思います。**男性であることが社会参加に有利であったとしても、それが心身の不健康につながっているのでは意味がありません。**ジェンダーバイアスは男女個別にあるわけではなく、ひとつながりの問題です。これまで見てきたように、「男らしさ」の超克は女性だけではなく男性の幸福にもつながります。逆もまた然りです。人間は一人ひとり異なる多様なものなのに、「男らしさ」「女らしさ」という2つだけの規範に当てはめることに、そもそも無理があるのです。

広告には、ジェンダーバイアスを再生産してきた歴史的な責任があります。ジェンダーバイアスを脱構築し、「男らしさ」「女らしさ」ではなく「自分らしさ」を尊重するクリエイティブ・エシックス広告が、今こそ求められています。

>> 4章のまとめ
- ジェンダーとは、歴史的・文化・社会的に形成される男女の差異のこと。

- 女性のジェンダーバイアスは、マジョリティである異性愛者の男性によってつくられてきた。
- ジェンダーバイアスを解体する広告が注目されている。
- 女性の身体や性をタブー視する風潮が変わりつつある。
- ジェンダーバイアスの解消には、子ども時代からのアプローチが必要。
- ルッキズムなど根が深い問題に中長期的に取り組むブランドは、高い支持を得る。
- ジェンダーバイアスは、男性の生きづらさの原因でもある。
- ジェンダー平等は、女性はもちろん男性の幸福にもつながる。

第 5 章

多様性

第3章で「**近現代史は、人権保護の拡張の歴史**」と記しました。近代的人権を初めて明文化したフランス人権宣言では「人は自由かつ平等」と謳われていたものの、実態とはほど遠く、女性や奴隷の人権は完全に無視されていたのです。しかし、その後は女性参政権が実現し、奴隷制は廃止されました。長い歴史の中で、少しずつではあるものの、世界は当初の理想に向けて進歩してきたのです。その結果、訪れたのが、多様性が重視される現代社会です。**多様性は歴史的必然であり、一過性のトレンドではありません。**

　今や障害者やLGBTQ＋、有色人種といったマイノリティとされる人々の人権も重要視されるようになりました。その背景には、スマートフォンの普及があります。もはや空気のような「当たり前の存在」なので、スマートフォン以前の世界を思い出すことが難しくなりつつありますが、かつて自分の意見を世に問うことができたのは、テレビや新聞などに発表の場を持つ一部の人だけでした。インターネットが登場した後でさえ、ウェブサイトやブログでの発信には一定のハードルを超える必要がありました。

　しかし、誰もが片手でウェブにアクセスできるスマートフォンが登場したことで、そのハードルは一気に下がりました。そこに拍車をかけたのが、第2章でも記したTwitter（現X）の登場です。文章量は長くても140文字、リポストやいいね機能は文章を書く必要すらありません。この手軽さで、これ

までいなかったことにされていた人々が、自分はここにいると声をあげられるようになったのです。#MeToo 運動がハッシュタグ表記になっているのは、実に象徴的だと思います。Twitter、特にイーロン・マスク買収以降のXはフェイクやヘイトが拡散される場になっており、負の側面が目立つようになっています。しかし、多様性の時代が訪れるきっかけとなった功績は、間違いなくあると思います。

クリエイティブやビジネスの世界における多様性は、主に**「表象の多様性」**と、**「組織の多様性」**に大別されます。順番に見ていきましょう。

01. 表象の多様性

「レプリゼンテーション」という言葉をご存じでしょうか？英和辞典で調べると、「代表者がいること」「表現する（される）こと」といった意味が載っています。近年使われているレプリゼンテーションは、**「映画やドラマ、広告、メディア、政治、スポーツなどさまざまなシーンにおいて、社会に存在している多様性が適切に表現されていること」**を意味します。

このままだとわかりにくい表現なので、具体例を出しましょう。日本人であるあなたが今、遠い外国で暮らしていると想像してみてください。テレビをつけても、映画を観に行っても、街で看板を見上げても、そこに登場するのはあなたと

肌や髪の毛の色が異なる人々ばかりです。そんな毎日を過ごしていたある日、メジャーリーグで大谷翔平選手が大活躍しているニュースが飛び込んできたとします。どれだけ誇らしく思い、勇気づけられるか、想像に難くないのではないでしょうか。これがレプリゼンテーションの力です。

レプリゼンテーションは人種だけの話ではありません。ジェンダー、障害者、LGBTQ+など、これまでメディアで適切に表現されてこなかった、もしくは登場すること自体が稀だったマイノリティのレプリゼンテーションの重要さが、今見直されています。

レプリゼンテーションの実践の場として広告に先行する映画の世界で何が起きているかを見ていきましょう。

映画におけるレプリゼンテーション

日本のアニメやゲームは世界的な人気を誇っています。レプリゼンテーションに興味はなくても、日本のコンテンツが海外で大ヒットしていると聞けば、多くの人が誇らしい気持ちになるのではないでしょうか。**しかし、そんな日本コンテンツが海外でリスペクトを持って扱われていたかというと、残念ながらそうではありませんでした。**

人気ゲーム『ストリートファイター』が、1994年にハリ

ウッドで実写映画化されました。世界各国を代表する格闘家達が戦うゲームで、主人公は「リュウ」という名前の日本人武道家です。しかし、映画版では、アメリカ軍人という設定のキャラクター「ガイル」に主人公が変更されたのです。演じたのはベルギー出身のアクション俳優で、当時大人気だったジャン＝クロード・ヴァン・ダムです。白人のスターを主人公にしないと世界的なヒット作にはならないと判断されたのでしょう。ゲーム版の主人公であるリュウは、脇役にされています。しかも演じたのは日本人ではなく、中国系の俳優でした。日本も中国もアジアは全部一緒という、当時のハリウッドの雑な世界認識が垣間見えます。

　ゲーム『ストリートファイターⅡ』が発売された当時、私はカナダの中学校に通っていたので、どれだけ人気だったかを実際に目にしています。学校が終わると男の子たちは皆、ゲームセンターに集まり『ストリートファイターⅡ』をプレイしていました。そして、誰もが日本人のリュウを主人公として自然に受け入れていたのです。リュウの必殺技「波動拳」を、「ハドーケン！」とカタコトの日本語で叫びながら使うカナダ人プレイヤーの微笑ましい姿が、今でも記憶に残っています。

　実写映画版で日本人キャラクターが主役から外された理由は、当時人気だったアクション映画のほとんどで、白人男性が主演だったからでしょう。ビジネスとしては合理的な判断

ではあったのです。しかし、原作ゲームからかけ離れたものになった映画版『ストリートファイター』は批評・興行ともにふるわない結果となりました。

2009年には、あの『ドラゴンボールZ』が『ドラゴンボール・エボリューション』として実写映画化されています。しかし、本作は15年前の『ストリートファイター』の失敗に学ぶことはありませんでした。主人公の孫悟空にカナダ人のジャスティン・チャットウィンを起用。同級生からいじめられている内気な高校3年生という、原作とはかけ離れた設定に改変されています。

映画は、製作費4500万ドルに対して全世界興行収入5572万ドルという大惨敗に終わりました（一般的にハリウッド大作の成功の目安は、『製作費の3倍の興行収入』とされています）。評価も辛辣なものが多く、モントリオールの映画サイトWatchMojo.comで2000年代最悪の映画・第8位に選ばれています。

「ホワイトウォッシュ」の問題

非白人のキャラクターに白人の俳優をキャスティングすることを、専門用語で「ホワイトウォッシュ」と言います。私たち日本人にとって、ホワイトウォッシュの問題を理解するのは難しい部分があります。アメリカに暮らすアジア人はマイノリティでも、多くの日本人は自分をマジョリティと認識

しているからです。「殺人者の役は、本物の殺人者が演じなくてはいけないの？」といった極論を目にすることもあります。

　ライターの塚本紺は、ホワイトウォッシュの問題点を次のように指摘しています。[49]

想像できるだろうか、国内向けの映画やドラマ、整髪料の広告ポスター、雑誌のカバー、何から何まで、自分とは違う人種で独占されている生活を

（中略）

アメリカの東海岸や西海岸で病院に行くとアジア系の医者の数は非常に多い。アジア系の弁護士も多い。政治家も多い。それでも映画・テレビ・アニメでアジア人がこういった重要な職業として登場することは珍しい。アジア人は欧米のエンタメの歴史においてオタクキャラで笑いのネタにされるか、一面的なカンフー悪役として扱われてきた。

（中略）

あなたが町を歩いていても、家でテレビを見ていても、インターネットを利用していても、こういったネガティブなレプリゼンテーションしか目に入らなかったとする。それは社会にとってのあなたの価値はそれでしかない、というメッセージを受け取り続けることを意味するのだ。この環

---

49. FUZE 2017年4月20日記事「攻殻機動隊からセサミストリートまで、海外エンタメのキーワード「レプリゼンテーション（representation）」とは何か【後編】」

第5章　「多様性」

境が子どもたちのアイデンティティの形成に与える影響
は大きい。

（中略）

そんな中で原作でアジア人として描かれていた役を白人
俳優が演じることになったり、アジア文化をメインに据え
た作品で重要な役が全員白人、アジア人は端役、というニ
ュースに怒りの声が上がるのは「**オレたちにもまともなレ
プリゼンテーションを与えてくれ！**」という長年にわたる
渇望が大元にある。根本にあるのは「原作に忠実にしろ」
というアート作品に関するポリシーの押し付けではない。
「原作でアジア人として作られたものですら奪ってしまう
のか」という嘆きなのだ。

　いずれにせよ、『ストリートファイター』でも『ドラゴン
ボール・エボリューション』でも、ファンははっきりとホワ
イトウォッシュにNOを突きつけています。映画製作のプロ
よりファンのほうが、レプリゼンテーションについてはるか
に高い感度を持ち合わせていたのです。

　しかし、これほど失敗を繰り返しても、ハリウッドは態度
を改めませんでした。2017年は『攻殻機動隊』が『ゴース
ト・イン・ザ・シェル』として実写映画化されています。原
作は近未来を舞台にしたSFマンガで、1995年に公開された
アニメ映画版は日本アニメを代表する作品として高く評価さ
れています。**実写映画版で主人公の草薙素子に起用されたの**

は、白人女優のスカーレット・ヨハンソンでした。スター俳優でアクション映画に出演した実績もあるため、キャスティングされたのでしょう。ビジネスとしては、理にかなったキャスティングではあります。しかし、映画は批評的にも興行的にも散々な結果に終わりました。

　同じ2017年に公開されたマーベル・スタジオの映画『ドクター・ストレンジ』も、ホワイトウォッシュとして批判されました。同作は魔法を使いこなすドクター・ストレンジを主人公にしたヒーロー映画です。原作コミックスでのドクター・ストレンジは白人男性なので、映画でも白人男性であるベネディクト・カンバーバッチが演じています。**しかし、主人公の師となる重要なキャラクター、エンシェント・ワンに、白人であるティルダ・スウィントンが起用されたのです。原作でのエンシェント・ワンは、500歳を超えるチベットの僧侶という設定です。**こういうキャラクターをアジア系の老人として描くのはステレオタイプだとマーベルは考えたようです。かといってアジア人女性にすると、「ドラゴン・レディ」と呼ばれる、パワフルなアジア人女性のステレオタイプになってしまいます。悩んだ挙句、白人女優が起用されました。マーベル・スタジオは多様性を重視することで知られている会社です。安易な白人起用ではなく、アジア人へのステレオタイプを避けるべく悩んだ末のキャスティングではありました。しかし、マーベル・スタジオ社長のケビン・ファイギは、今ではこのキャスティングを「**後悔している**」と語ってい

す。[50]

2017年はレプリゼンテーションにおけるメルクマールと言える年になりました。この年以降、ハリウッド映画のキャスティングでは多様性が重視されるようになります。翌2018年には主要キャストにアジア人の俳優のみを起用したロマンチック・コメディ映画『クレイジー・リッチ！』（原題『Crazy Rich Asians』）が、製作費3000万ドルに対して全世界興行業収入2億3,900万ドルの大ヒット作となりました。メジャースタジオによる配給で主要キャストがアジア人の俳優で占められたのは、1993年の『ジョイ・ラック・クラブ』以来、25年ぶりでした。[51]　同じ2018年には、『ドクター・ストレンジ』でホワイトウォッシュが批判されたマーベル・スタジオが、主要キャストを黒人が占めるヒーロー映画『ブラックパンサー』を公開。13億5千万ドルという驚異的な全世界興行収入を達成しました。

このような長い試行錯誤の歴史の末に、今では映画の世界でのアジア人や黒人といった非白人のレプリゼンテーションは当たり前のものになりました。一方、こうした動きを「行

---

50. BUSINESS INSIDER 2021年5月21日記事「Kevin Feige said he regrets casting Tilda Swinton in 'Doctor Strange' whitewashing: 'It was a wake up call'（ケヴィン・ファイギは『ドクター・ストレンジ』の白人化にティルダ・スウィントンを起用したことを後悔していると語る「あれは警鐘だった」）」

51. The Washington Post 2018年8月3日記事「'Asian, ew gross': How the 'Crazy Rich Asians' movie could help change stereotypes about Asian men（「アジア人、気持ち悪い」：映画『クレイジー・リッチ！』はアジア人男性に対する固定観念を変えられるか）」

き過ぎたポリコレ」として揶揄する声が、日本では少なくありません。レプリゼンテーションをどう評価するかはその人次第です。しかし、**日本人の活躍の場が増えるという点で、日本人にとって大きなビジネス・チャンスであることは間違いありません。**そのことを証明したのが『SHOGUN 将軍』です。

時代劇が世界的ヒット作になる時代

『SHOGUN 将軍』は、アメリカの有料テレビチャンネルFXが制作したドラマシリーズです。豊臣秀吉没後の戦国時代を舞台に、徳川家康や石田三成といったおなじみの人物をモデルにした戦国武将達が暗躍する、もう一つの日本史を描いています。主演とプロデュースを務めるのは真田広之です。他にも、アンナ・サワイ、浅野忠信、二階堂ふみなど、日本人俳優たちも出演しています。

真田広之はFXから本作の出演をオファーされた時、「**自分が関わるのなら、ちゃんと日本人の役に日本人を使ってくれるのか。戦国時代を再現するなら、日本からクルーを呼べるのか。**そうであれば考えたい。おかしなものを作るのなら、自分は日本人として参加できない」と伝えたと語っています。[52]　FXはこの提案を受け入れ、真田広之をプロデューサーに起用し

---

52. THE RIVER 2024年3月4日記事「真田広之『SHOGUN 将軍』、裏側の闘い語る ─「この作品をニューノーマルに」「今時、これくらいやらないと恥ずかしいのだと」【単独取材】」

ました。結果、真田広之の監修の下、キャスティングや美術、衣装など、あらゆる点で日本のレプリゼンテーションが徹底されることになったのです。

『SHOGUN 将軍』はハリウッドの技術力と資金力で、日本の戦国時代をオーセンティックに描いた前代未聞の作品になりました。これまでのようなトンデモ日本描写は皆無で、日本人である私たちの目にも違和感のないドラマになっています。こうした作品性が世界中のファンを魅了し、テレビ界最高の栄誉とされる**エミー賞で史上最多の18冠に輝く快挙**を成し遂げました。

真田広之は、次のように語っています。[53]

この作品が、異文化を描く時のニューノーマル、常識になってくれることを祈っています。

今時、これくらいやらないと恥ずかしいよ、ということを、スタジオや作り手が考えてくれるキッカケになれば。5年後、10年後、より多くの日本の題材や俳優たちが海外に進出してく可能性が広がってほしい。そのためにも、本作を成功させたかったのです。

このコメントも「**ただおもしろいものをつくるという次元を超えた、クリエイティブ・エシックス**」と解釈できるので

はないでしょうか。

　ここまで映画の世界でなぜレプリゼンテーションが重要視されるようになったのかを解説してきました。しかし、「**アメリカのような多民族社会ならともかく、日本人には関係ないんじゃないの？**」と腑に落ちない方もいると思います。

　そこで次は、映画などクリエイティブの世界を超えた、**社会にとってのレプリゼンテーションの重要性**について、解説したいと思います。

レプリゼンテーションの社会的重要性

　ここで、パキスタン系俳優であるリズ・アーメッドが2017年にイギリス議会で行ったスピーチを紹介します。[54]　リズ・アーメッドは映画『ローグ・ワン/スター・ウォーズ・ストーリー』で主要キャラクターのひとりを演じている人気俳優です。

> 俳優と政治家、クリエイティブな仕事と政府の仕事には共通点があります。私たちはともに、ストーリーを語ることで、文化の形成に大きな影響力を持っています。時にファ

---

53. THE RIVER 2024年3月4日記事「真田広之『SHOGUN 将軍』、裏側の闘い語る —「この作品をニューノーマルに」「今時、これくらいやらないと恥ずかしいのだと」【単独取材】」
54. リズ・アーメッド本人が2017年3月3日にFacebookにアップした動画「Riz Ahmed - Channel4 Diversity Speech 2017 @ House of Commons」より

ンタスティックで非現実的なストーリーが大きな影響力を持つことは、皆さんもご存じの通りです。しかし、そんな非現実的なストーリーにおいても、人々は「自分達には居場所がある」というメッセージを求めているんです。自分達も何かの一部で、目を向けられていて、耳を傾けられているというメッセージを。たとえ自分が人と違っていても、むしろ人と違っているからこそ、自分達には価値があると。誰もがレプリゼンテーションを欲しています。それこそが私たち俳優や政治家の仕事でしょう？ しかし残念ながら、私たちはこの仕事に失敗しています。

（中略）

私たちが、主流メディアでのレプリゼンテーションに失敗したらどうなるか？ 人々はスイッチを切ります。社会の片隅で語られる、より極端で過激な思想に逃げ込みます。オンラインのフィルターバブルに浸るようになります。シリアに行く人もいるかもしれませんね。ISISの戦闘員は、自分をジェームス・ボンドのようなヒーローだと思っているでしょう。誰もが自分のことを「善玉」だと思っているんです。ISISのプロパガンダ映像を見たことがありますか？ まるでアクション映画のようですよ。これに反論しなくてはいけないと思いませんか？ **子ども達に「私たちの物語でも、あなたはヒーローになれる」と伝えるべきではないでしょうか？**

リズ・アーメッドが語っているのは、人種のレプリゼンテ

148

ーションです。イギリスほどの多民族社会ではない日本人には馴染みの薄い問題に思えますが、他人事ではありません。2016年3月23日には、シリアに渡航してISISに参加しようとしていた24歳の日本人男性がトルコで拘束される事件が起きています。また、人種に限らず、日本でも**いないことにされている人々**は現実に存在します。社会の分断を招かないために、日本でもレプリゼンテーションが求められているのです。

障害者のレプリゼンテーション

ここで少々、プライベートの話をさせてください。私には知的障害のある弟がいます。こう書くと数々の困難やそれを乗り越えた感動のストーリーを期待されるかもしれません。残念ながら、そういう内容は本書には登場しません。**障害のある弟の存在は私にとってただの日常であり、それ以上でも以下でもないからです。**特に子どもの頃は、ごくごく自然なこととして受け止めていて、ことさら意識することはありませんでした。弟が介護などは必要としていないこともあるし、両親が子どもだった僕の知らないところで、そう思うように育ててくれたというのも一因かもしれません。

状況が少しずつ変わりはじめたのは、小学校に上がったころです。家族以外の人間と過ごす時間が増えると、どうも「**ふつうの家**」には障害者はいないらしい…ということに気づく

ようになります。**人気のテレビ番組やマンガを見ても、障害のあるキャラクターはひとりも出てきません。**表向き、障害者は「いないこと」にされた状態で、世の中は回っていたのです。だから、成長して社会に組み込まれるほどに、弟のことを腫れ物扱いする感覚が生まれてきました。友人や同僚との会話になると、「きょうだい」の話題を避けるようになりました。障害のある兄弟姉妹がいる人のことを「きょうだい児」と呼ぶことがあります。多くのきょうだい児が、似たような経験をしているのではないでしょうか。

　ただ、こうして自分の子ども時代を客観的に見られるようになったのは、つい最近のことです。自分に子どもが生まれて保育園に通うようになり、久しぶりに子ども達の世界に触れる機会ができました。保育園には、知的障害のある子ども達が何人かいました。その子達はいじめられることも、過剰に優しくされることもなく、ただの「園児」としてそこにいたのです。そもそも多くの子ども達には障害者という概念がなく、障害のある子どももクラスメートとして普通に受け入れていました。**障害という概念は先天的なものではなく、ジェンダーのように、社会的につくられるものなのです。**子ども達の様子を見ていた私も、弟を障害者として意識することがなかった、かつての感覚を思い出すことができました。

　障害者は、います。あなた自身や家族が障害者ではなくても、友人や同僚などを辿っていけば、必ずいます。それも、

極めて身近なところに。「家族に障害者がいる」と公表すると、多くの人から「実は私の家族も…」と連絡が来ます。メディアで障害者は「いないこと」にされているので、存在を口にできないだけなのです。

実際、1日中テレビをつけていても、スマートフォンのタイムラインを眺めていても、そこには1人の障害者も出てきません。そこにいるのは、実世界ではほとんど会う機会がないような、現実離れした笑顔の美男美女ばかりです。メディアにおいて「ある属性に価値があり、ある属性にはない」と刷り込むことがどのような結果を招くのかは、第4章で「津久井やまゆり園事件」を例にして触れました。

日本で唯一、障害者がメディアに登場する機会が増えるのは、感動文脈に乗ったときです。重度障害者であり、小説『ハンチバック』で第169回芥川賞を受賞した作家の市川沙央は、次のように語っています。[55]

たとえば日本テレビの「24時間テレビ」には様々な立場から批判がありますが、私はそれでも必要だと思っています。あまりにも民放に障害者が映らないからです。
（中略）
つい先日、民放で芥川賞発表を特集していて、第168回と

---

55. 朝日新聞2024年8月23日「芥川賞作家・市川沙央さんが考えるパラリンピック　パリ・パラリンピック開幕まで5日」

第170回の受賞者の映像が続けざまに写ったのですが、私だけ飛ばされました。「障害者」というトピックスの時だけクローズアップされて、一般的な紹介の時は透明化されるなら、私が「障害者の一般化」のために体を張ってきた意味がないんですけどね。

感動を誘う材料として障害者を利用する「感動ポルノ」を批判する人は、レベルの高い正しい表現を求めているのだと思いますが、それ以前にこの社会は、まだまだ障害者が同じ人間であることすら理解できない人が多くいると私は承知しています。

そうした人々には「感動ポルノ」も依然として有効だと思います。パラリンピックが引き起こす感動もそうです。パラリンピックには能力主義的な価値観の強化など、様々な批判点はあります。ただ、障害者もスポーツをするという、ごく基本的なイメージとメッセージが大衆に伝わるだけで100点です。

　実は海外でも、障害者のレプリゼンテーションは感動文脈のものがほとんどでした。しかし、近年は変化が起きています。ここ十数年のパラリンピックCMの変遷を見てみましょう。

Channel4「Meet the Superhumans」(2012)

　「Meet the Superhumans」はイギリスの公共テレビ局のチャンネル4が、ロンドン2012パラリンピックの際に制作したCMです。**本作が画期的だったのは、障害者を弱者ではなく、屈強なアスリートとして描いたことです。**車椅子バスケットボールでは、選手同士が衝突し、汗が飛び散ります。陸上や水泳では、選手達の四肢の欠損が隠されることなく、はっきりと映し出されます。そして「障害があるにもかかわらず」颯爽と走り、宙を舞う姿が描かれます。小人症など身体のサイズが小さい選手たちも、不敵な表情でカメラを見据えます。BGMは、社会派のリリックで知られるラップ・グループ、パブリック・エネミーの名曲「Harder Than You Think」(「お前が思うよりハードだ」) です。終盤に登場するコピーは次のような内容です。

Forget everything you thought you knew about strength
Forget everything you thought you knew about humans
Meet the Superhuman

和訳：

強さについて　人間について
知っていると思っていたことはすべて忘れろ
これが超人だ

まるでNikeのCMのようなスタイリッシュな映像の合間には、突然、爆風で吹き飛ばされる戦場の兵士の映像が挿入されます。次に映し出されるのは、母親のお腹の中にいる胎児の超音波映像と、「わかります、ショックでしょう」と医者に伝えられる両親の様子です。続いて登場するのは、交通事故で横転する自動車です。パラアスリートたちが障害者になった経緯を映像で見せているのです。常人では乗り越えられないような困難を克服した、常人では不可能なハードな競技を戦っている、超人たちの大会。それがパラリンピックだ、というわけです。

　企画制作に携わったChannel 4のダン・ブルックは次のように説明しています。[56]

　以前からみんなパラリンピックの存在は知っていましたが、パラアスリートのことはあまり知りませんでした。どちらかと言うとチャリティイベントへ行った感覚があって同情的に受け止めていたんです。我々はこれを全く違う形で捉えることができるのではないかと考えました。小難しいことは抜きにして、パラリンピックはトップクラスのスポーツであること、今まで皆さんが考えていたようなものとは、まるで違うということを示すのが我々の任務だと考えたんです。

---

56. パラサポWEB 2021年8月6日記事「固定観念を覆した革新的CM──ロンドンパラリンピックを成功に導いた至高のメディア戦略」

ロンドン2012パラリンピックでは、用意された280万枚のチケットが完売しました。ロンドン大会から4年後のリオ大会では、他国開催にも関わらず、チャンネル4での若年層の視聴率はロンドン大会の数字を上回りました。1回限りの打ち上げ花火ではなく、パラリンピックのスポーツとしての魅力が社会に定着したことがわかります。

「Meet the Superhumans」は、障害者のレプリゼンテーションを考える上で欠かすことのできない歴史的な傑作です。今見ても映像作品としてのクオリティは一切、色褪せていません。**しかし、いくら優れていても12年前のCMです。現代の視点からは、問題も見えてきます。**Superhuman＝超人というコピーは、パラアスリートもアスリートであるということを人々に気づかせましたが、実社会の外にいる存在という印象を与えることは否めません。弱者やマイノリティはしばしば偶像化されます。フランス人権宣言で女性の権利は認められませんでしたが、名画「民衆を導く自由の女神」では、その名の通りフランス7月革命を導く女神を描いています。**偶像化と非人間化は表裏一体なのです。**

Channel4「We're the Superhumans」(2016)

つづくリオ2016パラリンピックでは、シリーズ第2弾「We're the Superhumans」が制作されました。ダークでシリアスだった前作からは一転し、明るくて親しみやすい、ポップな

CMに仕上がっています。キャッチーなBGMでは、次の歌詞が歌われています。

Yes, I can, suddenly, yes, I can

'Gee, I'm afraid to go on' has turned into, 'Yes, I can'

Take a look, what do you see?

133 pounds of confidence, me

Got the feeling I can do anything, yes, I can

Something that sings in my blood is telling me

'Yes, I can'

I was just born today

I can go all the way

Ye-e-es, I-I-I-I can!

和訳：

そう、できる　突然にそう、できるんだ

「続けるのが怖い」が「そう、できる」に変わったんだ

見てみて、何が見える？

133ポンド（60キロ）分の、自信が見える

なんでもできる気がしてきた　そう、できるんだ

血が騒いで何かがささやく、そう、できるんだ

今日生まれたばかりみたいだ

どこまでも行ける気がする

そうだ、できるんだ！

今回登場するのは、パラアスリートだけではありません。

BGMを演奏するミュージシャンも、すべて障害者です。CMは両腕のないドラマーの足によるドラミングで幕を開けます。吹奏楽隊は車椅子やダウン症のミュージシャンで構成されており、盲目のピアニストがメロディを奏でます。**パラアスリート達の超人的パフォーマンスが描かれるのは前作通りですが、アスリートではない、一般の障害者の日常も紹介されるようになりました。**両腕のない障害者たちは、デスクワークや食事、育児を足でこなします。車椅子で会議に参加する女性や、卒業証書を手にしたダウン症の男性も登場します。また、車椅子の少年が、学校の先生から「君には無理だよ」と告げられる様子も描かれます。ポジティブな場面だけではなく、障害者の現実をとらえようとする意図が感じられます。

「We're the Superhumans」は障害者を超人的アスリートとしてだけではなく、どこにでもいる「ふつうの人」としても描きました。4年の時を経て、前作の問題点と向き合い、アップデートされていることがわかります。

しかし、クオリティが高いのでそうとはわかりにくいのです
が、「Meet The Superhumans」も「We're the Superhumans」も、
結局は感動文脈のCMです。イギリスの主要メディア、ガー
ディアンは、次のような批判をしています。[57]

障害者を超人と呼ぶな　ふつうの人間として扱え

ロンドン・パラリンピック以降、多くの障害者の支援者は、
一部のエリート障害者アスリートが「超人」「Yes I can」
としてもてはやされる一方で、一般の障害者の生活が緊縮
政策、福祉改革、公共サービス削減によって損なわれてい
ることを対比してきた。

（中略）

イギリスの政策立案者は障害者を「超人」と呼ぶのを止め
るべきだ。そして、平等な公民権と人権の下で、彼らが「人
間」らしく暮らせるようにしなければいけない。

　ガーディアンの批判を読んだ後でも、Superhumansシリ
ーズが名作であるという私の評価は変わりません。しかし、
ガーディアンの批判もまったくもってその通りだと思います。
**優れた広告であることと、批判される点があることは両立す
るのです。**これは映画やドラマ、建築など、広告以外の表現
の世界では当たり前のことです。どのような名作であれ、批
判がないことなどありません。批判があるから、後に続く作

---

57. The Guardian 2016年9月15日記事「Stop calling disabled people superhuman - just
treat them as human（障害者を超人と呼ぶな　ふつうの人間として扱え）」

品がそれに応え、表現が進歩していくのです。

　他の表現と違って、日本の広告には批評が存在しません。だから、少しでも批判的な意見が来ると「炎上」ととらえられます。炎上は一過性で終わり、表現の進歩につながることはありません。この表現としての未成熟さが、広告が映画や音楽などと比べて、低く見られがちな一因であるように私は思っています。

　クリエイティブ・エシックスの時代において、広告はつくって終わりではなく、つねに批判的視点から表現をアップデートする必要があるのです。

Channel4「SUPER. HUMAN.」(2021)

　東京2020パラリンピックで公開されたSuperhumansシリーズの新作は、「障害者を超人と呼ぶのを止めよう」という批判へのアンサーと言える内容になりました。**障害者を超人としてではなく、どこにでもいる普通の人として描いたのです。**

　前作までとは違い、映し出されるのは競技でのパフォーマンスではなく、厳しく地道な練習風景です。そこに、競技外の日常生活の様子がインサートされます。子どもの夜泣きに起こされ、不機嫌な娘とのスマホ通話、出産、そしてパンデ

ミックでの大会延期。その姿は仕事と家事に追われ、自分ではどうにもならない時代の流れに振り回される、一般の人と変わりません。取材に2年もの時間をかけただけあって、映像は実にリアルです。**車椅子の選手が段差のため飲食店に入れない様子**も登場します。パラリンピックが盛り上がっても、障害者の生きづらさが解消されてはいないことを隠さず描いているのです。

　CMのキャッチフレーズは、

To be a Paralympian there's got to be something wrong with you.
和訳：
パラリンピック選手になるなんて、どうかしている。
です。

　ポスターのキャッチコピーは、

It's rude not to stare.
和訳：
じろじろ見ないなんて、失礼だ。

となっています。

　パラリンピック選手を超人と讃える前作までと異なり、イ

ギリスらしい皮肉とユーモアが利いた、何より人間らしいコピーです。

　CMは、「SUPER. HUMAN.」の、「SUPER.」の文字がボッチャのボールで割られて、「HUMAN.」だけが残るシーンで、幕を閉じます。

Channel4「Considering What?」(2024)

　パリ2024パラリンピックのCMも、「SUPER. HUMAN.」で提示した「パラリンピック選手も、ふつうの人間である」というテーマをさらに追求したものになっています。**CMで描かれるのはパラリンピック選手と、「重力」と「摩擦」、そして「時間」との戦いです。**

　「重力」は上半身裸の男性の老人として、「摩擦」はドリフトをするスポーツ・カーのドライバーとして、「時間」は懐

中時計を手にした女性として、それぞれ擬人化されています。車椅子から落ちた選手を、「重力」はフロアに叩きつけます。自転車レースの選手は転倒して、道路との「摩擦」で傷つきます。片足のランナーは全力で走りますが、「時間」はその間もどんどん過ぎていきます。スポーツ以外の場面でも、「時間」は容赦がありません。時間に間に合わなくても、飛行機は飛び立ちます。死んだペットは生き返りません。人は老いるだけで、若返りません。「重力」も「摩擦」も「時間」も、障害の有無で対応を変えたりしません。すべての人にとって、世界は厳しいのです。

今回のコピーは、

Sports doesn't care about disability

Gravity doesn't care about disability

Friction doesn't care about disability

Time doesn't care about disability

Wind doesn't care about disability

Heat doesn't care about disability

Force doesn't care about disability

Sport doesn't care about disability

和訳：

スポーツに、障害なんて関係ない。

重力に、障害なんて関係ない。

摩擦に、障害なんて関係ない。

時間に、障害なんて関係ない。

風に、障害なんて関係ない。

熱に、障害なんて関係ない。

力に、障害なんて関係ない。

スポーツに、障害なんて関係ない。

というものです。

　CMを制作したチャンネル4の調査によると、パラリンピックを見る理由の60%は「選手が障害を克服するのを見るため」でした。「刺激的なスポーツ競技だから」と回答した人は、わずか37%だったのです。この結果について制作チームは、「"克服する"という言葉を使うと、障害は"克服すべき問題"ということになってしまいます。実際は、障害にまつわる問題や不平等は作り出されたものなのに、です。それはとても上から目線ですし、障害差別的だと思います」とコメントしています。[58]　このように、「**障害者が直面する困難は個人ではなく社会に起因する**」という考え方を、「**障害の社会モデル**」と言います。障害者への差別を無くしていく上で、現在、主流になりつつある考え方です。

　パリ2024パラリンピックのCMの制作には、**Purple Goat**

---

58. CREATIVE REVIEW 2024年11月7日記事「Channel 4's Paralympics ad reflects changing attitudes to disability（Channel 4のパラリンピック広告は障害に対する態度の変化を反映している）」

Agencyという障害者専門のマーケティング会社が参加しています。Purple Goat Agencyの最大の特徴は、**従業員の50％が障害者**であることです。[59] 当事者ならではの視点で、ブランドのインクルーシブなマーケティングを支援しています。真のレプリゼンテーションを実現するには、組織も多様である必要があるのです。このことは後ほど詳しく説明します。

日常的レプリゼンテーション

　障害者のレプリゼンテーションにとって、パラリンピックは重要な機会です。これからも、それは変わらないでしょう。しかし、パラリンピックも万能ではなく、限界があります。パラリンピックはどうしても、「障害」「出場国」「メダリスト」といったストーリーを背負ってしまいます。そして、**障害者に限らずマイノリティは、必要以上にストーリーを背負わされがちなのです。**

　たとえば、あるドラマの主人公が、異性愛者の男性だったとします。このドラマに「なぜ主人公は男性なんだろう？」「なぜ異性愛者なんだろう？」というストーリーを期待する人はほとんどいないと思います。しかし、主人公が車椅子ユーザーや同性愛者だと、どうしても「車椅子」や「同性愛」についてのドラマだと思ってしまうのではないでしょうか。

---

59. 同社ウェブサイトより

マイノリティへの差別をなくすためには、パラリンピックのような特別なイベントに加えて、**日常的なレプリゼンテーションが必要です。**

たとえばアメリカの子ども向け教育番組「セサミストリート」には、ジュリアという自閉症のキャラクターが登場します。

ⓒ 2025 Sesame Workshop®, Sesame Street®, and associated characters, trademarks and design elements are owned and licensed by Sesame Workshop. All rights reserved.

『Meet Julia(ジュリアの紹介)』と題されたエピソードでは、ビッグバードがジュリアに挨拶をするものの、ジュリアは色塗りに集中していて返事をしません。ビッグバードが「ジュリアは僕のことあんまり好きじゃないみたい」とアラン(日系アメリカ人の男性です)に打ち明けると、彼がジュリアには自閉症があることを説明します。

「ジュリアは何か聞かれても、すぐには答えられないことがあるんだよ。たとえば、期待している返事をしてくれないこともある。ハイタッチとかね」

大人であるアランが話すことで、ビッグバードは他の子どもと言動や遊び方が異なるといったジュリアの自閉症の特性について理解します。そして、ジュリアと友達になるのです。

このエピソードを見た子ども達が実際にジュリアのような自閉症のある子どもと出会ったら、きっとアランの話を思い出すでしょう。自閉症のある子どもやその家族にとっては、セサミストリートにジュリアが登場したという事実そのものが、「社会から受け入れられている」というメッセージになります。**日常的レプリゼンテーションによって、社会をよりインクルーシブに変えられるのです。**

広告クリエイティブの代表例として、イタリアに拠点を置くダウン症の支援者団体CoorDownによる「Integration day」を紹介します。

> ## CoorDown 「Integration Day」(2012)

2012年3月21日の世界ダウン症の日に、Illy Coffee, Averna Liqueur, CartaSi Credit card, Toyota, Pampersというイタリア国内外のメジャーブランドのコマーシャルの別バージョンが、テレビで放送されました。**その日放送されたのは、オリジナルCMの出演者のひとりが、ダウン症の俳優に入れ替えられていた別バージョンだったのです。**CMの撮影時に、オリジナル俳優の代わりにダウン症の俳優が出演す

るシーンをあらかじめ撮っておき、当日放送したというわけです。

　ダウン症の俳優が出演している以外は、オリジナルCMと一切変わりません。CM内にダウン症に関する説明は登場しません。ダウン症の俳優が演じるのも、それほど目立たない役ばかりです。ここには「感動」や「困難の克服」といった、障害者が背負わされがちなステレオタイプなストーリーが一切ありません。だからこそ、レプリゼンテーションとして意味があるのです。考えてみてください。**ダウン症の赤ちゃんを育てている親が、オムツのCMにダウン症の赤ちゃんが登場しているのを見たら。しかもそれがごく普通のオムツのCMで、「ダウン症の赤ちゃんは天使です！」のような特別なストーリーづけがなかったら。どれだけ勇気づけられるか想像に難くないはずです。**

日常的レプリゼンテーションは広告最大の力

　最近は日本の広告でも、日常的レプリゼンテーションが普通に見られるようになりました。結婚仲介サービスの広告では、大勢のカップルの中に、ことさら強調されることなくウェディングドレスに身を包んだ女性同士のカップルが登場していたことがありました。洗剤の広告では、男性タレントが登場するシリーズが人気になっています。これは「家事をする男」という、これまで表に出にくかった属性の男性のレプリゼンテーションと言えるでしょう。ファストファッションの売り場では、様々な人種のモデルを起用した掲示物が使われています（かつては日本のブランドでも白人モデルばかりでした）。

　私はこの「日常的レプリゼンテーション」こそが、広告の最大の力のひとつだと思っています。映画やスポーツは、どうしてもストーリーを背負わざるを得ません。しかし、広告は違います。**広告はなにかのついでに目に入る、景色のような表現です。だからこそ、レプリゼンテーションとして絶大な効果があるのです。**この広告の力を、世界を今より良い場所にするために使わない手は無いと私は信じています。

　あなたの身近にも「いないことにされている人々」がいるはずです。そうした人々を自分の仕事でレプリゼントできないか、ぜひ考えてみてください。

広告が変われば、映画やドラマの比ではないのです。

02. 組織の多様性

大企業を中心に、DEIを推進することが当たり前になりました。DEIは、Diversity（多様性）、Equity（公平）、Inclusion（包摂）の頭文字を取った略称です。女性活躍の推進やセクシャル・ハラスメントの防止、採用活動における差別の禁止などの活動が、DEIの旗の下に行われているのはご存じの通りです。DEI専門のコンサルタント会社Bold Cultureのルビナ・マリクは、DEIを**「ダンスパーティに誘うだけではなく、一緒に踊ろうと声をかけること」**と表現しています。[60]

DEIの推進には、「世界を今より良い場所にするため」という倫理的目的だけではなく、多様性のある組織の方が高いクリエイティビティを発揮できるという、実利的なメリットもあります。

先述の通り、高度経済成長期のころは、組織には多様性より、むしろ同質性が求められました。この時代は、商品の性能向上が人々の幸せに直結していました。もっと速く。もっと大きく。もっと丈夫に。そうしたシンプルな目的を達成するためには、**バックグラウンドも考え方も同じような人が集**

---

60. レイ・イナモト「世界のクリエイティブ思考」2023年5月16日配信「#29炎上広告を生まないためには？」

まりモーレツに働くほうが効率的だったのです。

しかしその後、社会情勢は大きく変わります。2005年には日本の人口が減少に転じ、これまでのような経済成長は望めなくなりました。長時間働けば働くほど利益が出るような社会ではなくなったのです。さらに商品のスペック面での進歩が頭打ちになりました。消費者の好みも多様化し、スペック以上の魅力を持った商品の開発が企業に求められるようになりました。ビジネスにおける、男性による同質性の高い組織が持つビジネス上のメリットが低下したのです。代わりに、イノベーションを起こすための多様性が重要になりました。

私がこのことを実感した仕事があるので、紹介したいと思います。

「世界ダウン症の日」新聞広告 (2021)

岸田奈美さんは、ダウン症の弟さんや車椅子ユーザーのお母さん、急逝したお父さんとのエピソードを書いたエッセイが人気の作家です。もともとはウェブを発表の場にしていましたが、初の著書『家族だから愛したんじゃなくて、愛したのが家族だった』を2020年に上梓しました。岸田さんはその翌年の3月21日、「世界ダウン症の日」に朝日新聞に、著書の新聞広告を出稿しました。私はクリエイティブ・ディレクター、コピーライターとして制作に参加しています。

CD：橋口幸生　CW：岸田奈美、橋口幸生　AD：岩下智　写真：幡野広志

新聞広告掲載前に、岸田さんはかつてない試みをしました。3月21日に新聞広告を出稿することを、その10日前の3月12日に、事前にウェブで発表したのです。

岸田さんがブログのプラットフォーム、noteに発表した文章の一部を引用します。[61]

> 「世界ダウン症の日」という、国連で制定された記念日が3月21日だ。
>
> わたしの弟もそうだけど、ダウン症は生まれつき21番目の染色体が3本あることで起こるので、3月21日らしい。

---

61. 岸田奈美のnote 2021年3月12日投稿「みんなのお金で、3月21日にでっかい新聞広告を出したかったわけ」

わたしより1本多いので、たぶん、弟は1本分のやんごとなき使命を持って生まれてきたのだと思う。ちょっと、喋るのとか、苦手だけど。

長い長い時間をかけて、弟の"とくべつ"は"あたりまえ"になったけど、まだまだ"あたりまえ"じゃない人たちもいる。
（中略）
あっ、そうだ。

3月21日の世界ダウン症の日、

朝日新聞さんに、でかい広告を出させてもらおう。(東京版)

　岸田さんのnoteはまたたく間に5000以上の「スキ」がつき、ウェブで話題が広がっていきました。**3月21日当日までに、「あの広告が掲載される」という盛り上がりができていたの**です。結果、世界ダウン症の日の新聞広告はウェブ上でも拡散し、多くの人の目に止まりました。岸田さんのnoteを見て、売り場にポスターとして貼ってくれた書店もありました。新聞広告だけで出稿するより、はるかに効果が高くなったのです。

　新聞広告を事前にウェブで告知するという発想は、広告クリエイターにはありません。ウェブの拡散力や自身のファンのインサイトを知り尽くした岸田さんだからこその仕掛けで

す。**多様性のある組織は、同質性の高い組織より優れたアイデアが出せるのです。**

次は、スケールの大きい事例も紹介しましょう。

アメリカが大国でありつづける理由

世界でもっともクリエイティブな国と言われれば、アメリカの名前を挙げる人が多いのではないでしょうか。本書で紹介している映画や広告も、アメリカの事例が中心です。GAFAやTeslaなど、イノベーティブな企業の多くもアメリカで創設されています。現在、中国やインドが次の覇権国として台頭しつつあります。グローバルサウスと呼ばれる新興国が存在感を増し、欧米先進国の影響力が相対的に低下していくのは間違いありません。**しかし、それでも多くの未来予想で、アメリカは世界のリーダーであり続けると予想されています。**

イギリスの経済コメンテーターのヘイミシュ・マクレイは、アメリカの強さの理由を **「世界の才能を引き寄せる磁石」** と表現しています。[62]

---

62. ヘイミシュ・マクレイ著『2050年の世界 見えない未来の考え方』(日本経済新聞出版、2023年)

アメリカ合衆国は2050年も支配的な大国でありつづける
だろう。経済規模こそ中国をわずかに下回るが、それ以外
では世界をリードする。世界でいちばん豊かな大国であり、
おそらくは世界最速で成長している。「知」のグローバル
リーダーとして先頭を走りつづけ、ドルは世界で最も重要
な通貨でありつづける。

（中略）

アメリカは世界の才能を引き寄せる磁石でありつづける
だろう。世界中にいる有能で、エネルギッシュで、起業家
精神あふれる人たちが、いまもアメリカで生きる道を選択
している。移民問題が国内外に緊張をもたらしてはいるが、
この吸引力が衰えるとは考えにくい。

　Googleの創業者のセルゲイ・ブリンは旧ソビエト連邦（現
在のロシア）出身で、子どもの頃にアメリカに移住しました。
1998年にラリー・ペイジとGoogleを共同創業しています。
TeslaやSpaceXやPayPalなどの創業者であるイーロン・マ
スクは南アフリカ出身で、カナダを経てアメリカに移住した
人物です。1995年にYahoo!を共同創業したジェリー・ヤン
は台湾出身です。『SHOGUN 将軍』の真田広之も、現在はロ
サンゼルスを拠点に活動しています。「アメリカは世界の才
能を引き寄せる磁石」というヘイミシュ・マクレイの言葉は、
決して大げさではないことがわかります。

　そんなアメリカも、組織の多様性が欠如していたため、大

きな失敗を犯したことがあります。

なぜCIAは同時多発テロを防げなかったのか

英「タイムズ」紙のコラムニストであるマシュー・サイド
は著書『多様性の科学』で、アメリカが2001年9月11日の同
時多発テロ事件を事前に防げなかった一因として、「組織の
多様性の欠如」があったことを指摘しています。

2機の旅客機が衝突し崩落するワールド・トレード・セン
ターの映像を見た世界中の人々は、突然、世界が変わったよ
うな衝撃を受けました。しかし同書によれば、**実際は、事前
に数多くの兆候があったのです**。事件が起きる6ヶ月ほど前
の2001年3月7日、ロシアの情報機関は、事件の首謀者オサ
マ・ビンラディンをパキスタン軍が支援しているという報告
書を国連に提出。アフガニスタンに点在する55ヶ所のアルカ
イダの拠点も示しました。その後、エジプトのムバラク大統
領もアメリカ政府に対し、爆薬を積んだ航空機でローマ訪問
中のブッシュ大統領を狙う計画が進行中であるとの警告をし
ています。**驚くべきことに、ビン・ラディン率いるテロ組織
アルカイダを保護していたタリバンまで、アルカイダによる
アメリカ攻撃計画があることをペシャワール（パキスタン）の
アメリカ総領事に報告しています**。タリバンはアフガニスタ
ンの統治を担う政権であり、勝ち目のないアメリカとの全面
戦争は避けたかったのです。2001年6月にはFBIが、ビンラ

ディンが民間の航空大学に複数の生徒を送り込んでいる可能性を指摘しています。[63]

これだけの兆候があったにもかかわらず、CIAは潜入捜査などを開始せず、テロを未然に防ぐことに失敗しました。その一因がCIAにおける多様性の欠如だと、マシュー・サイドは指摘しています。

当時、CIA職員の大半は白人男性で、アングロサクソン系で、プロテスタントでした。彼らの多くはイスラム教やイスラム原理主義について、よく理解していなかったのです。当時CIAがビンラディンのことをどう認識していたのか？CIAやアメリカ政府の関係者、専門家たちは、こうコメントしています。[64]

> キャンプファイヤーを前にしてしゃがんでいる、あご鬚の長いひょろりとしたサウジアラビア人が、アメリカにとって脅威となるなどとはとても思えませんでした。
>
> 世界をリードする情報大国との戦いに、洞窟の男がどうやって勝とうというのか。
>
> 洞窟に住んでいるようなビンラディンやアルカイダにつ

63・64. マシュー・サイド著『多様性の科学』(ディスカヴァー・トゥエンティワン、2021年)

いて、国の資金や人員を投入してさらに詳しく調査しよう
とはとても思えませんでした。

**CIAはビンラディンを取るに足らない存在と思っていたの
でしょう。**しかし、彼はサウジアラビア有数の富豪一族の出
身です。高級スーツを着て豪邸から情報発信しようと思えば、
いくらでもできたのです。彼の姿はムスリムにとっては聖な
る預言者をイメージさせましたが、イスラム教に馴染みのな
い者にとっては未開の野蛮人のように見えました。**あのたた
ずまいは計算されたイメージ戦略だったのです。**プロテスタ
ントの白人男性中心の組織であるCIAには、それを見抜くこ
とができませんでした。

CIAは女性やマイノリティの採用を増やすべきだという批
判に対して、「能力を最優先して人員を採用しているだけ」
という反論をしています。**肌の色や性別など「ポリコレ」で
はなく、能力を優先して採用するべきだ。さもなくば、組織
の力が弱まる。**…というわけです。日本で男性中心の組織を
擁護するときにも、しばしばこの理屈が使われます。

組織が対峙する問題が明確かつ単純だった時代には、同質
性の高さが武器になったかもしれません。しかし、こうした
組織は複雑な現代社会に対応できません。そもそも現代では、
問題そのものがはっきりと定義されていない場合がほとんど
です。多様性の欠ける組織は盲点が大きくなり、問題解決ど

ころか、問題発見の段階でつまづくでしょう。**個人では賢者でも、集団では愚者になるのです。**

　もう少し身近な例について書きましょう。**日本の広告の炎上の多くは、企画・制作チームが男性中心で多様性に欠けていることが原因だと私は考えています。**コピーライターやCMプランナーの能力は、先輩／後輩の上下関係の中でトレーニングされます。これは専門性を高めるのに有効な方法ですが、専門外への視野は狭くなりがちです。そんな風に育った男性広告クリエイター同士でチームをつくると、どうしても**「男子校ノリ」**になります。「男子校ノリ」は、「有害な男らしさ」が価値として重視されがちです。後輩が先輩に意見することも難しくなります。

　現在、男性広告クリエイターに、あからさまな女性差別をする人はほとんどいないと思います。一人ひとりは、ジェンダー平等の重要性をわかっているのです。しかし、いったん「男子校ノリ」ができあがってしまうと、なにか間違いがあっても誰も指摘できなくなります。その結果、時代と合わない表現が世に出てしまい、批判されるのです。**問題なのは個人の資質ではなく、組織の多様性です。**

　日本の政財界がいかに男性中心かはあらゆるところで語られているので、ここでは繰り返しません。代わりに、女性がビジネスのイニシアチブを取ることのメリットをわかりやす

く示した事例を紹介します。

DEGIRO「Pink Chip」(2024)

新NISAの登場で、これまで貯蓄中心だった日本でも、投資が注目されるようになりました。そして、残念ながら投資の世界も男性中心であり、投資家の5人に4人は男性と言われています。一方、世界のCEOのうち女性が占める割合はわずか7%です。ノースウェスタン大学ケロッグ経営大学院の2021年の研究によると、**男性投資家は女性がCEOに就任するとその企業の株を売却する傾向があり、これにより株価が下がるという研究が過去多くなされています。**[65] 結果、ますます女性CEOが誕生しにくくなるという悪循環が起きているのです。

しかし、ワシントン・タイムズやハーバード・ビジネス・レビューは、女性が経営層に多い企業は利益率が高いと指摘しています。S&P グローバルの2019年の調査によると、女性CEOやCFOのいる企業は市場平均より株価が高いとされています。[66] **女性CEOの企業の株を売るのは非合理的であり、ファクトではなくバイアスに基づいた判断と言えます。**

---

65. sociological science 2021年5月17日論文「Better in the Shadows? Public Attention, Media Coverage, and Market Reactions to Female CEO Announcements（影に隠れている方がまし？女性CEOの発表に対する世間の注目、メディアの報道、市場の反応）」
66. S&P Global 2019年10月16日レポート「When Women Lead, Firms Win（女性が牽引すると企業は成功する）」

女性CEOだけではなく、男性投資家も損をしているのです。

　投資家が女性CEOの企業を正しく判断できるように、ヨーロッパの投資アプリDEGIROが開発したのが「Pink Chip」です。**開発は広告クリエイティブ・エージェンシーのAKQAが担当。国連も協力しています。「Pink Chip」は米国市場を対象とし、女性が率いる企業の業績を業界ベンチマークや男性の競合他社と比較して追跡するインデックスです。**日経平均やS&P500の女性企業版と考えれば、わかりやすいのではないでしょうか。

　Pink ChipはAIと名前認識ソフトウェアを使用して、世界で初めて、女性が率いる上場企業のリストを作成しました。しかし、女性リーダーがいるだけでは、Pink Chip企業には選ばれません。市場価値が20億ドル以上であることに加えて、過去3年間で最低8％成長している必要があるのです。背景には、女性がリーダーに抜擢されるのは業績が悪化している企業であることが多いという事情があります。もともとリスクが高い状況にあるのに、失敗すると「だから女はダメだ」と判断されてしまいがちなのです。これを「ガラスの崖」現象といいます。

　Pink ChipはPinkchip.orgで無料公開されていて、誰でも見ることができます。DEGIROアプリ内では他のインデックスと比較して、女性が率いる企業に投資することができま

す。

2024年3月8日の国際女性デーにPink Chipが公開されると、初週で70,000人の訪問者を集め、その後3週間以内に14,500人以上のDEGIROユーザーがPink Chip企業に投資しました。この期間中それらの企業の株価は6.7%上昇、インデックスは9.48%上昇しました。全体としてPink Chipは市場ベンチマークを80%超上回っており、今でも成長を続けています。[67] 将来的にはPink Chipに連動した投資商品が発売されるかもしれません。

03. マイノリティ vs マジョリティを超えて

ジェンダー問題が男と女の対立問題だと誤解されがちなように、**多様性というとマイノリティとマジョリティの対立構図を連想してしまいがち**です。多様性という言葉を嫌う人の多くは、マイノリティがえこひいきされた結果、マジョリティである自分が損をすると思っているのではないでしょうか。しかし、**実際には、そのようなことはありません。**

レプリゼンテーションは「現実世界に存在する人を、メディアの世界でも存在するようにしよう」というだけの話です。

---

67. カンヌライオンズ公式サイトより引用

それによってマジョリティが損をすることはありません。今、若くて健康な人でも、加齢や病気、怪我で障害者になるかもしれません。海外に転勤して、外国人の中でたったひとりの日本人という環境に身を置くことになる可能性もあります。**人生の全局面で強者でありマジョリティという人は、この世界にひとりもいないのです。**レプリゼンテーションは、誰にとっても他人事ではありません。

　情報機関の多様性が増してテロを未然に防げれば、マイノリティもマジョリティも安心して暮らせます。女性がCEOになって企業の業績が上がれば、男性の給料も上がります。

　多様性が増すということは、社会の幸せの総和が増すということなのです。

≫　5章のまとめ

- **❍ 近現代史の流れの中で、多様な人権が保護されるようになった。**
- **❍ 現代の映画やドラマ、広告などで重要視されているのがレプリゼンテーション。**
- **❍ 社会の分断を招かないためにも、レプリゼンテーションが不可欠。**
- **❍ クリエイティブ・エシックス時代の表現はつくって終わりではなく、批判的観点からアップデートし続けなければいけない。**

- ❯日常的レプリゼンテーションは広告最大の力。
- ❯多様性のある組織の方が、優れたクリエイティビティを発揮する。
- ❯多様性のある社会は、マイノリティとマジョリティ両方の幸せにつながる。

第**6**章

セクシュアリティ

藤子・Ｆ・不二雄の短編ＳＦマンガに、「気楽に殺ろうよ」
という作品があります。性のあり方と食のあり方が入れ替わ
ったパラレルワールドに主人公が迷い込む短編です。

　その世界では、食がタブーとされています。主人公が妻に
食事を催促すると、妻は顔を真っ赤に赤らめます。そして食
事をするときは、部屋に鍵をかけて、電気を消して、カーテ
ンを閉めなければいけません。食事中の会話もなく、罪深い
雰囲気です。駅前には一軒の飲食店もありません。**一方、性
はオープンです。**「シンデレラ」の絵本には、シンデレラと
王子様の初夜が平然と描かれています。パニックになった主
人公は、精神科医を訪ねます。しかし精神科医も、性がオー
プンなのは当たり前だと思っているのです。そして「**自分たち
が火星人になったと仮定して、一切の常識や固定観念を捨てて
地球社会を観察してみよう**」と提案し、こう説明します。**⁶⁸**

> 　食欲、性欲……ともに最も根源的な欲望ですな。どちらが
> 欠けても地球人は滅亡する。(中略)このふたつのうち、ど
> っちかはずかしがらねばならんとすれば、はたしてどちら
> ですかな。
>
> 　食欲とはなにか!?　個体を維持するためのものである！
> 個人的、閉鎖的、独善的、欲望といえますな。

---

68. 藤子・Ｆ・不二雄著『藤子・Ｆ・不二雄ＳＦ短編コンプリート・ワークス：ミノタウロスの
皿 (1)』(小学館、2023年) 収録「気楽に殺ろうよ」

性欲とは!? 種族の存続を目的とする欲望である! 公共的、社会的、発展的、性格を有しておるわけです。

と、こう考えれば、地球社会のありかたもあやしむにたりませんな!

こんな風に説明を受けるうちに主人公も納得し、「食欲がタブーで、性欲がオープン」という考え方を受け入れるのですが…この続きは、ぜひ本編を読んでみてください。

「性欲のあり方は、社会によって決められる」という精神科医の主張は一見、それこそマンガ的に思えます。性的なものを後ろめたく、恥ずかしいと思う気持ちは個人的なものであり、社会とは関係ない。直感的にも経験的にも、多くの人がそう思うのではないでしょうか。**しかし、人類の歴史を見ると、精神科医の主張の方が正しいことがわかります。**

私たちが暮らす現代社会は、性的なもの＝セクシュアリティを、タブー視する傾向があります。しかし過去には、全く異なるとらえ方をしていた社会が普通に存在しました。そして現代社会でも、セクシュアリティのとらえ方が大きく変わろうとしています。**セクシュアリティは、「健康」や「権利」の文脈でとらえられるようになりつつあるのです。**

ここからしばらく私たちも火星人になったつもりで、過去

の社会におけるセクシュアリティのあり方を見てみましょう。

01. セクシュアリティと知性が結びついていた古代ギリシャ

アリストテレスやアルキメデス、ソクラテスが活躍した古代ギリシャは、現代社会までつづく知の原点のようなイメージを持たれていると思います。しかし、そこでのセクシュアリティのあり方は、現代社会と全く異なるものでした。古代ギリシャではセクシュアリティがオープンかつ、ポジティブなものとして捉えられていたのです。

現代社会では、知性とセクシュアリティは相容れないものとする傾向があります。たとえば大学教授のような知的な職業の人が愛人を何人も抱えていたら、ほとんどの人は幻滅するのではないでしょうか。社会的地位が高い人にも、性的なクリーンさが求められます。政治家や経営者が不倫など性的スキャンダルで地位を失うのは、私たちには見慣れた光景です。**しかし古代ギリシャでは、知性や社会的地位とセクシュアリティは密接に結びついていました。**性的快楽の追求は、奴隷には許されない支配階級の特権だったのです。

私たち日本人にもおなじみのギリシャ神話を思い出すと、古代ギリシャ人の感覚を理解しやすいと思います。オリュンポスの神々の中でも最強の存在であるゼウスは、あちこちで

浮気をしています。また、女性神であるアフロディテは「愛」と「美」に加えて、「性」を司っています。彼女は火と鍛冶の神へファイストスと結婚していましたが、戦争の神アレスと不倫しています。また、人間の美青年アドニスに一目惚れし、自分の庇護下に置いたりもしています。

また、古代ギリシャでは同性愛への差別はなく、ポジティブにとらえられていました。**特に成人男性と少年の間の同性愛関係は「パイデラスティア」と呼ばれ、少年への教育として制度化されていました。**少年は人格的・社会的に成長するために成人男性から教育的指導を受けることが推奨されており、その中には成人男性との同性愛が含まれていたのです。**現代社会に置き換えると、学校の先生と生徒が恋愛関係にあり、性行為をしているということです。**現代人にとってはタブーであり犯罪ですが、古代ギリシャ人にとっては尊ばれる文化でした。

あなたがある日突然、古代ギリシャに転生したと想像してみてください。「気楽に殺ろうよ」の主人公以上に驚き、パニックになるのではないでしょうか。

そんな私たち日本人のセクシュアリティも、明治以前は、現代とは全く異なるものでした。

02. 明治以前の日本の、おおらかで開放的なセクシュアリティ

　古代日本には歌垣という、男女が集まって即興の歌を交換し、豊作を祈願する行事がありました。『古事記』や『日本書紀』『万葉集』といった文献に、歌垣についての記述があります。**そこでは歌の交換だけではなく、酒や食事が提供され、その後は気の合った相手同士で性行為が行われていました。**現在の茨城県の筑波山、大阪府の歌垣山、佐賀県の杵島山は「日本三大歌垣」とされる有名会場だったようです。関東・関西・九州と、歌垣が全国で盛んに行われていたことがわかります。男性が夜、女性の寝所に忍び込む「夜這い」も、当たり前の習慣でした。

　また、時代がくだった江戸時代では、**喜多川歌麿や葛飾北斎といった誰もが知る有名浮世絵師が春画を描いています。現代日本にたとえると、メジャー誌に連載を持つ人気マンガ家がポルノを描いているようなものです。**江戸時代の日本人にとって、性がいかに身近だったかがわかります。

　同性愛もポジティブにとらえられていました。学校の授業でも習う井原西鶴の浮世草子『好色一代男』では、主人公が女性だけでなく、多くの少年とも関わったことが描かれています。ドラマなどで人気の戦国武将たちの多くが男性と恋愛関係を持っていたことは、よく知られています。**たとえば武**

田信玄は「弥七郎」という男性との浮気を疑われ、本命の恋人に釈明する手紙を書いています。その中には、「弥七郎に何度も言い寄ったが、腹痛を理由に断られた」という記述もあります。言い寄ったけど断られたから浮気ではないというのは、現代人にとっても当時の人にとっても苦しい言い訳のような気がしますが、信玄の人間らしい一面が垣間見られる手紙ではあります。

　これほどおおらかで開放的だった日本人のセクシュアリティですが、明治以降は一転して禁欲的になり、現代に至ります。理由は、西欧文明を取り入れる過程で、キリスト教的なセクシュアリティが社会に根付いていったからだと言われています。

03. セクシュアリティを罪と考えたキリスト教

　イエス・キリスト自体は、セクシュアリティについて多くは言及していないようです。一方、初期キリスト教の重要人物であるパウロは、信仰生活に専念するためには独身でいたほうがいいと考えていました。独身でいるにこしたことはないが、性欲に負けてみだらな生活を送るくらいならば、結婚して夫婦間でのみ性生活を営むのがいいと言っています。[69]

---

69. 日本同盟基督教団 中原キリスト教会ウェブサイト「礼拝メッセージ　結婚について 第一コリント7章1～16節」

パウロの考えには、当時は「主の来臨」がもうすぐ起きると信じられていたことが背景にあるようです。もうすぐ世界が終わるのだから結婚しても意味がない、というわけです。このように初期キリスト教の結婚観は、古代のギリシャや日本に比べると禁欲的ですが、比較的穏健です。現代人の私たちにとっても、理解しやすいのではないでしょうか。

　しかし、キリスト教が普及し、大規模に組織化されていく過程で、セクシュアリティは厳しく規制されるようになります。性行為はあくまで子孫を残すためのもので、快楽を味わうのは罪と考えられるようになったのです。たとえば、4世紀の聖職者である聖ヒエロニムスは、砂漠で暮らし身体を石で打つことで、性欲を抑制していたと言われています。人々が性的快楽を感じないよう規制することが、聖職者の仕事になりました。性行為そのものが罪なので、強姦や性的虐待の被害者であっても処罰されることがありました。ルターの宗教改革以降、未婚で妊娠したらむち打ち、不倫は死刑にされるなど、規制はさらに厳しくなります。

　また、旧約聖書の創世記には、ソドムとゴモラという町が神の炎によって滅ぼされたことが記されています。ソドムとゴモラでは不道徳な行為、特に同性愛が横行しており、神の怒りを買ったのです。男性愛の性行為を意味するソドミーという言葉の語源は、ソドムから取られています。**ここからもわかる通り、キリスト教では長い間、同性愛は罪だと考えら**

れてきました。同性愛におおむね寛容だったローマ帝国でも、キリスト教が国教化されるにつれて、同性間の性行為に対して法的措置が取られるようになります。**4世紀には同性愛の性行為の受け手は去勢、男娼は火刑とされ、5世紀にはすべての受け手が火刑とされるようになりました。**6世紀以降は同性間の性行為全般が禁止されるようになります。[70]　こうした歴史の延長線上に現代社会があるがゆえに、同性愛者は今でも差別されているのです。これまで見てきたように歴史上、同性愛に寛容な社会はいくらでもありました。

　（ここまで書いてきた内容はあくまで概略であり、具体的な実践は時代や地域、教派によって異なっています。また、現代においてはキリスト教内でも同性愛者の人権尊重を訴える声が高まってきています。あくまで初期〜中世キリスト教の厳格なセクシュアリティの、おおまかな傾向として読んでください。）

　第3章で書いたように、私たちが生きる社会は、人権をOSとして運営されています。**今やキリスト教をルーツとする厳格なセクシュアリティが、人権とコンフリクトする場面が目立つようになりました。**同性愛差別はその代表的なものです。

　そこで近年は、**セクシュアリティを「権利」として捉え直す動き**が盛んになっています。

---

70. 中央大学 大学院研究年報法学研究科編 第49号（2020年2月）論文「同性愛者の平等保護と信教の自由との対立―アメリカ合衆国最高裁判所判例を参考にして―」

04. セクシュアリティを「権利」ととらえる現代社会

　性に関する権利についてまず知ってほしいのが、「**性と生殖に関する健康と権利**」という言葉です。英語の原文「Sexual and Reproductive Health and Rights」の頭文字をとった**SRHR**という略称も、広く知られています。

> ## 性と生殖に関する健康と権利 (SRHR)

　「性と生殖に関する健康と権利」は、「性」と「生殖」、「健康」と「権利」という4つの言葉からできた言葉なので複雑に感じられるのですが、実はシンプルです。分解して見てみましょう。[71]

》 性の健康＝セクシュアル・ヘルス

　自分の「性」に関することについて、心身ともに満たされて幸せを感じられ、またその状態を社会的にも認められていること。

》 性の権利＝セクシュアル・ライツ

　セクシュアリティ「性」を、自分で決められる権利のこと。また自分の愛する人、自分のプライバシー、自分の性的な快

---

71. ジョイセフウェブサイト「セクシュアル・リプロダクティブ・ヘルス／ライツ（SRHR：性と生殖に関する健康と権利）とは」

楽、自分の性のあり方（男か女かそのどちらでもないか）を自分で決められる権利。

>> 生殖の健康＝リプロダクティブ・ヘルス

妊娠したい人、妊娠したくない人、産む・産まないに興味も関心もない人、アセクシャルな人（無性愛、非性愛の人）問わず、心身ともに満たされ健康にいられること。

>> 生殖の権利＝リプロダクティブ・ライツ

産むか産まないか、いつ・何人子どもを持つかを自分で決める権利。また、妊娠、出産、中絶について十分な情報を得られ、「生殖」に関するすべてのことを自分で決められる権利。

「健康」でいられること、それ自体が「権利」です。そして、それをかなえるために必要な情報やサービスにアクセスし、自己決定できることも「権利」が定められている、と考えるとわかりやすいと思います。

「性と生殖の健康」と言われると、性感染症や想定外妊娠の予防といったことをイメージしがちです。しかし実際は、それに留まらず、幸せや心身ともに満たされた状態（ウェルビーイング）の実現を目指す、ポジティブなアプローチとなっています。先述した、「守り」のコンプライアンスに対する「攻め」のクリエイティブ・エシックスに通じるものがあります。

SRHRが成立した経緯をまとめると、次のようになります。まず1994年の国際人口開発会議（カイロ会議）で、「生殖の健康と権利＝リプロダクティブ・ヘルス・ライツ」が初めて提唱されました。翌1995年の第4回世界女性会議（北京会議）でも、リプロダクティブ・ヘルス・ライツが重要なテーマとして取り上げられています。その後、様々な国連の文書に記載されるようになり、2024年の国連人権理事会第56回会合において、「Sexual and Reproductive Health and Rights」の文言が初めて、総意により協議文書に盛り込まれたのです。**SRHRが一過性のトレンドではなく、30年という時間をかけて発展し、社会に浸透してきた権利であることがわかります。**

以下に国際家族計画連盟（IPPF）のテクニカル・ブリーフに記載されている、「性と生殖の健康と権利」を引用します。[72]このブリーフは、世界最大級のSRHRシンクタンクであるグットマッハー研究所と世界五大医学雑誌の一つランセットが協力した、グットマッハー・ランセット コミッションによる2018年の報告書をもとに作成されています。

性と生殖の健康とは、身体、感情、精神、社会的な幸福がセクシュアリティと生殖のすべての局面で実現できていることを指します。単に病気、機能障害、虚弱ではない状態を意味

---

72. IPPFテクニカル・ブリーフ「セクシュアル・リプロダクティブ・ヘルス/ライツ（性と生殖の健康と権利:SRHR）の新定義」

するのではありません。

そのため、セクシュアリティと生殖への肯定的なアプローチ
で、楽しみながら築ける性的な関係を維持することで信頼や
コミュニケーションが醸成され、個人の自尊心と幸福が導き
出されることを受け入れ、認めなければなりません。すべて
の個人は、自分の身体に関する決断を自ら下す権利を持ち、
その権利を実現するために必要なサービスを受ける権利があ
ります。

性と生殖の健康（SRH）の実現には、性と生殖の権利（SRR）
を達成する必要があり、次のような個人の人権が尊重されな
くてはなりません。

• 自分の身体は自分のものであり、プライバシーや個人の自
  主性が尊重されること
• 自分の性的指向、ジェンダー自認、性表現を含めたセクシ
  ュアリティについて自由に定義できること
• 性的な行動をとるかとらないか、とるなら、その時期を自
  分で決められること
• 自由に性のパートナーを選べること
• 性体験が安全で楽しめるものであること
• いつ、誰と、結婚するか、それとも結婚しないかを選べる
  こと
• 子どもを持つかどうか、持つとしたらいつ、どのように、

何人の子どもを持つかを選べること

- 上記に関して必要な情報、資源、サービス、支援を生涯にわたって得られ、これらに関していついかなる時も差別、強制、搾取、暴力を受けないこと

誰もが絶対に必要とするセクシュアル・リプロダクティブ・ヘルス必須サービスは、公衆衛生と人権の基準に基づいたものでなければなりません。**特に、それらは、健康への権利行使に必要な「サービスがあること、その受けやすさ、容認性、質の高さ」が保障されなければなりません。**この必須サービスには次のようなものが含まれます。

- セクシュアル・リプロダクティブ・ヘルスに関する正確な情報と、カウンセリングサービス。これにはエビデンスに基づいた包括的性教育（CSE）が含まれます
- 性機能と性的な満足に関する情報、カウンセリング、ケア
- 性暴力、ジェンダーに基づく暴力、性的強制の予防、発見、対策
- 安全で有効な避妊法の選択肢
- 安全で有効な産前、出産、産後のケア
- 安全で有効な中絶サービスとケア
- 不妊予防、対策、治療
- HIV を含む性感染症（STI）と生殖器系感染症予防、発見、治療
- 生殖器のがん予防、発見、治療

わかりやすくまとめると、次のような内容です。

①あらゆる局面で、性と生殖の「健康」が実現されなくては
　いけない

②「健康」でいるには、身体、性やジェンダー自認、結婚、
　出産などの「権利」が必要である

③「権利」が行使されるためには、性教育や避妊、医療とい
　った「サービス」が必要である

　**SRHRは、SDGsの目標5「ジェンダー平等を実現しよう」
にも含まれています。**目標5 ターゲット5.6に「国際人口・
開発会議 (ICPD) の行動計画及び北京行動綱領、並びにこれ
らの検証会議の成果文書に従い、性と生殖に関する健康及び
権利への普遍的アクセスを確保する」と言及されています。
SRHRの推進は、世界の多くの国のコンセンサスが取れてい
るのです。もちろん、その中には日本も含まれます。

性の権利宣言

　SRHRに加えて、1999年に性の健康世界学会 (WAS) で採
択された、**「性の権利宣言」**という文書もあります。文字通り、
さまざまな側面から性を権利としてとらえる内容です。

　WASはセクシュアリティを「喜びとウェルビーイング（良
好な状態・幸福・安寧・福祉）の源であり、全体的な充足感と満
足感に寄与するもの」と定義しています。「性の権利宣言」

は「すべての人々が他者の権利を尊重しつつ、自らのセクシュアリティを充足し、表現し、性の健康を楽しむことを保護する」ためにつくられました。下記が、その内容です。[73]

>> **性の権利宣言**

1. 平等と差別されない権利

2. 生命、自由、および身体の安全を守る権利

3. 自律性と身体保全に関する権利

4. 拷問、及び残酷な、非人道的な又は品位を傷つける取り扱い又は刑罰から自由でいる権利

5. あらゆる暴力や強制・強要から自由でいる権利

6. プライバシーの権利

7. 楽しめて満足できかつ安全な性的経験をする可能性のある、性の健康を含む、望みうる最高の性の健康を享受する権利

8. 科学の進歩と応用の恩恵を享受する権利

9. 情報への権利

10. 教育を受ける権利、包括的な性教育を受ける権利

11. 平等かつ十分かつ自由な同意に基づいた婚姻関係又は他の類する形態を始め、築き、解消する権利

12. 子どもを持つか持たないか、子どもの人数や出産間隔を決定し、それを実現するための情報と手段を有する権利

13. 思想、意見、表現の自由に関する権利

14. 結社と平和的な集会の自由に関する権利

15.公的・政治的生活に参画する権利

16. 正義、善後策および救済を求める権利

詳細を見ていきましょう。

「1.平等と差別されない権利」では人種や性別、性的指向、障害の有無などいかなる理由によっても区別されることなく、すべての人が「性の権利」を享受できると記されています。一方、その後には、「2.生命、自由、および身体の安全を守る権利」「3.自律性と身体保全に関する権利」「6.プライバシーの権利」…などが続きます。**「性の権利」は、性に関連することを何でも権利として容認することではありません。むしろ、性的行為の押し付けや性暴力といった、他者の権利を侵害するあらゆる行為を否定するものであることがわかります。**

「4. 拷問、及び残酷な、非人道的な又は品位を傷つける取り扱い又は刑罰から自由でいる権利」「5.あらゆる暴力や強制・強要から自由でいる権利」からは、**女性器切除や強制的な不妊／避妊／中絶、性的マイノリティに対する転向療法といった非人道的行為への牽制や、ジェンダーやセクシュアリティに基づく差別を解消する意図**がうかがえます。

「11.平等かつ十分かつ自由な同意に基づいた婚姻関係又は

73.「性の権利宣言」全文はこちらを参照：https://www.worldsexualhealth.net/_files/ugd/793f03_0157859eef0344f7b0bd6202574ea124.pdf?index=true

他の類する形態を始め、築き、解消する権利」は、**日本で注目度が高い選択的夫婦別姓や同性婚に直結する権利**です。

「13. 思想、意見、表現の自由に関する権利」「14.結社と平和的な集会の自由に関する権利」「15.公的・政治的生活に参画する権利」などは、一見、セクシュアリティとは何の関係もないように思えます。しかし、**性の権利の実現には政治的な活動が必要な場合もあるため、こうした権利も定められているのです。**

「セクシュアリティは権利」から社会をとらえ直す

「セクシュアリティは権利である」という前提に立つと、見慣れた社会問題も異なるとらえ方ができるようになります。たとえば、少子化問題です。「少子化」という言葉の裏にあるのは、経済の弱体化や労働力不足を懸念する、国家中心の考え方です。しかし、国連人口基金が毎年発行する「世界人口白書2023」では**人の数が多すぎる、少なすぎるといった問題設定そのものが適切ではない**と指摘されています。これまで見てきた通り、現代の国際社会のOSは人権です。そして、人権のひとつであるSRHRの観点からは、「**一人ひとりが性と生殖に関する自己決定権を行使できているかどうか**」こそが問題なのです。

たとえば、国立社会保障・人口問題研究所の2021年の出生動向基本調査によると、夫婦が持ちたいと思う理想の子ど

もの数は2.25人です。これが実際に予定している子どもの人数になると、2.01人にまで下がります。最終的な出生児数はさらに下がり、1.9人です。SRHRでは「何人の子どもを持つかを選べること」が権利のひとつとして定められています。**つまりSRHRの観点からは、「夫婦が希望する数の子どもを持てていないこと」が問題なのです。**「少子化」という国家視点の問題設定だと、「女性は産む機械」のような発想から脱することは難しいでしょう。「希望する子どもの数を持てるようにする」にはどうすればいいか考え、そのための制度を整えること。それがSRHRと一人ひとりのウェルビーイングの実現につながるのではないでしょうか。

また、過去の歴史をふり返ると、国家による出産の管理は多くの場合、悲惨な結果につながっています。旧優生保護法下では、2万5000人もの人々が病気や障害を理由に不妊手術を受けることを強いられました。2024年、最高裁は旧優生保護法を「憲法違反」とする判断を示しました。これを受けて岸田文雄総理大臣（当時）は、次のような発言をしています。

旧優生保護法は、憲法違反で、同法を執行してきた立場としてその執行のあり方も含め、政府の責任は極めて重大だ。心から申し訳なく思っており、政府を代表して謝罪を申し上げる。**優生手術などは個人の尊厳をじゅうりんする、あってはならない人権の侵害で、**皆さま方が心身に受けられた多大な苦痛と長い間のご苦労に思いを致すと、その解決

は先送りできない課題だ。

　この岸田総理の発言からも、子どもを持つか持たないかを決めるのは個人の権利であり、国家の介入が許されないということが読み取れます。

　SRHRでは「**SRHRを実現するために必要なサービスを受ける権利がある**」と定められています。これを受けて、権利としてのセクシュアリティにまつわるビジネスが次々と誕生しているのです。権利を実現するためのサービスですから、まぎれもなくクリエイティブ・エシックスと言えるでしょう。いくつか事例を紹介します。

05. DoorDash「Self Love Bouquet」(2023)

　アメリカのDoorDashはUber Eatsや出前館と同種のフードデリバリー・サービスです。日本人にとっては馴染みが薄いブランドですが、アメリカではUber Eatsを上回る最大の市場シェアを誇っています。しかし、そのDoorDashが2023年の2月14日、バレンタインデーのキャンペーンでデリバリーしたものは、フードではありませんでした。**この日、デリバリーされたのは、女性用のセックス・トイだったのです。**

　「Self Love Bouquet」は、DoorDashが販売したバレンタイン・ギフトです。一見、バレンタインデーの定番の贈り物である、バラの花束に見えます。**しかし、12本のバラの花のうち1本だけ、"ローズ"という女性に人気のバラ型セックス・トイになっているのです。**一般的にバレンタインデーはカップルのためのイベントとされています。しかしこの年のバレンタインデーに、DoorDashはシングルの女性をターゲットに設定し、「Self Love Bouquet」を販売しました。

　前年の2022年のバレンタインデーには、DoorDashも地元の生花店から花を配達する、一般的なキャンペーンを実施していました。キャンペーンの目的はブランドの認知度向上でした。翌年の2023年になると、すでに認知度は十分高くなったため、新しい目的が設定されたのです。それは競合ブランドであるUber Eatsや花配達大手の1-800-Flowers.comと同じ規模で花を販売する、というものでした。

　普通に花をデリバリーするだけでは、花配達大手に勝つこ

とはできません。そこで**DoorDashは、恋人ではなく、女性が自分自身に贈るギフトとして、「Self Love Bouquet」を販売したのです。**DoorDashの調査によると、女性のうち4人に1人がバレンタインデーをひとりで過ごします。さらに、DoorDashの利用者の52%は女性です。

さらにアメリカでは成人の4人に1人がマスターベーションを「セラピー」として、ポジティブにとらえているという消費者インサイトもありました。[74] **「Self Love Bouquet」は決して奇策ではなく、ビジネスとして十分な勝算があったのです。**

しかし、ひとつだけ高い壁がありました。第4章「ジェンダー」で見たように、**女性のマスターベーションが社会的にタブー視されていることです。**これまで女性のセクシュアリティは、男性目線でモノのように扱われてきました。多くの女性は、自分の性をポジティブにとらえることに慣れていません。DoorDashの調査では、69%のアメリカの女性がマスターベーションについて話しづらいと回答しています。

そこで出てきたのが、セックス・トイではなく花束として売る、というアイデアです。バレンタインデーに自分へのギフトとして贈ろうと呼びかければ、抵抗なく買うことができます。デザインも洗練されており、卑猥な印象は一切ありま

---

74. カンヌライオンズ公式サイトより引用

せん。

結果、「Self Love Bouquet」は1700万ドルもの売上を記録。生花店への総注文額は600万ドルで、前年比の2倍となりました。

「Self Love Bouquet」のキャンペーン資料には、**マスターベーションにはストレス解放やリラクゼーション効果といった健康上の利点がある**と記載されています。ここまで読んだあなたなら、これがSRHRへの目配せであることがわかると思います。

これまで不当にタブー視されてきたのは、女性のセクシュアリティだけでありません。次に紹介するのは、女性以上に「ないもの」として扱われてきた、高齢者の性を取り上げたキャンペーンです。

06. Relate「The Joy of Later Life Sex」(2021)

Relateは、イギリスを拠点とする慈善団体です。カップルや家族、子ども、若者向けにカウンセリングやセラピー、仲裁サービスを提供し、人々の関係やウェルビーイングの向上を支援しています。設立されたのは1938年で、長い歴史を誇っています。

そのRelateが2021年に実施したキャンペーンが、「The Joy of Later Life Sex」です。直訳すると「人生後半のセックスの喜び」になります。**キャンペーン名の通り、高齢者の性行為に対する考え方を、ポジティブに変えることを意図しています。**

Relateの調査によると、イギリス人の80％が高齢者の性行為について議論すべきではない、と考えています。[75]　おそらく、今この本を読んでいるあなたも、似たような考えなのではないでしょうか。セクシュアリティ全般についてすら、オープンに話す機会はあまりありません。ましてや高齢者となると、良し悪し以前に考えることすら躊躇してしまう人がほとんどではないでしょうか（正直に書くと、私もそのひとりです）。**しかし、そうした個人的な感情ではなく、「権利」という視点から考えてみましょう。**性の健康世界学会は、性をセクシュアリティを「喜びとウェルビーイングの源であり、全体的な充足感と満足感に寄与するもの」と定義しています。「性の権利宣言」は「すべての人々が他者の権利を尊重しつつ、自らのセクシュアリティを充足し、表現し、性の健康を楽しむことを保護する」ためにつくられました。**セクシュアリティが喜びとウェルビーイングの源であり、すべての人々が楽しむものなのであれば、そこから高齢者が除外されてはいけないのです。**

---

75. カンヌライオンズ公式サイトより引用

「The Joy of Later Life Sex」のグラフィック広告では、イギリスの人気フォトグラファーであるランキンが撮影した、高齢者の男女が愛し合う大胆な写真が使用されました。そこに、ユーモラスなコピーが添えられています。

| Things can take longer when you're older. Brilliant.

和訳：

| 年を取ると、いろいろ時間がかかるようになる。素晴らしい。

男性と女性だけではなく、裸の高齢男性同士がキスするポスターも制作されました。コピーは、「**Some men discover they love golf. Some men discover they love men.**（ゴルフを好きになる男がいる。男を好きになる男もいる。）」です。下着姿の高齢女性が、ひとりで微笑んでいるポスターもあります。「**You're never too old to play with toys.**（何歳になっても、おもちゃで遊んでいい。）」というコピーが添えられていることから、マスターベーションを意味していることがわかります。複数のポスターを通して、「高齢者」とひとくくりにせずセ

クシュアリティの多様性が表現されているのが特筆すべき点です。

　キャンペーン後、65歳以上の高齢者によるRelateのウェブサイトへのアクセスが123%増加しました。また、セラピーの予約数が50%増加したという結果[76]からは、セクシュアリティの充実にサービスが必要とするSRHRの考え方に賛同する人が多くなっていることがうかがえます。

07.　包括的性教育とは

　「性の権利宣言」と「SRHR」には、ともに「包括的性教育」という言葉が出てきます。最近は日本でもニュースなどで取り上げられる機会が増えたので、聞き覚えがある方も多いのではないでしょうか。

　「包括的性教育」とは、その名の通り、性をめぐるさまざまな要素を含む教育です。私たち日本人が性教育と聞くと、精子と卵子が受精して受精卵となり…といった、生理学的な現象を思い浮かべることが多いと思います。しかし、それはセクシュアリティの一部でしかありません。コミュニケーションやジェンダー・セクシュアリティ、平等、差別や暴力、

---

76. カンヌライオンズ公式サイトより引用
77. 寺子屋朝日 for Teachers 2024年5月18日記事「包括的性教育とは？必要な理由や構造、学習内容のポイントを解説」

社会的・文化的要因、メディアリテラシーなど、権利として
のセクシュアリティを扱うのが包括的性教育です。

　包括的性教育のルーツをたどると、アメリカ性情報・教育
協議会が1991年に発行したガイドラインに行きつきます。そ
の後、2009年にユネスコなどの5つの国際機関が開発した「国
際セクシュアリティ教育ガイダンス」によって内容が整理さ
れ、2018年には6つの国際機関によってその改訂版が発行さ
れました。このガイダンスは、英語、ロシア語、中国語、フ
ランス語、スペイン語、ミャンマー語、タイ語など12ヶ国語
で発行されています。日本語翻訳版も初版が2017年に出版
されました。**包括的性教育には長い歴史があり、その推進は
国際的な潮流であることがわかります。**[77]

　この「国際セクシュアリティ教育ガイダンス」では、包括
的性教育の目的を、子どもや若者たちに以下のような知識や
スキル、価値観を身につけさせることだと記しています。

≫　包括的性教育の目的

（「国際セクシュアリティ教育ガイダンス（改訂版）」より）

・健康とウェルビーイング（幸福）、尊厳を実現すること

・尊重された社会的、性的関係を育てること

・自分の選択が、自分自身と他者のウェルビーイング（幸福）
　にどのように影響するのかを考えること

・生涯を通じて、自分たちの権利の保護を理解し確かなもの

にすること

　本章冒頭における古代と現代社会の比較で、セクシュアリティのあり方が社会に規定されることを見てきました。しかし多くの場合、セクシュアリティは「後ろめたい」「恥ずかしい」といった個人的感情で考えられがちです。貞節、貞淑のような通俗道徳と結びつけられ、人権を抑圧することもあります。だからこそ、権利としてのセクシュアリティを教育する重要性が注目されているのです。

　そして、教育機関だけではなく、ブランドが包括的性教育に取り組むケースが出てきています。

08. Whisper 「The Missing Chapter」

　インドでは2300万人の思春期の女子生徒が学校を中退するというデータがあります。[78]　理由は、生理です。インド社会で生理を語ることはタブーで、母娘で話す機会も少ないと言われています。多くの少女が生理を恥だと思っており、中には病気だと誤解している人もいるのです。インド政府もこの問題に取り組んでおり、2018年の報告では、約64%の学校が女子生徒に生理衛生教育を提供しているとされています。しかし、書面での教材が学校で利用可能なのは、わずか19%にとどまっています。半数以上の女子生徒が初潮前に

月経について知識がなかったという調査結果もあります。[79]

こうした状況を改善するために、生理用品ブランドのWhisperが行った取り組みが、「The Missing Chapter」です。教育やメディアが届かない地方にリーチするためにWhisperが注目したのは伝統的な「壁画」でした。**通常、民話などが描かれる壁画を、Whisperは生理衛生教育のメディアとして利用したのです。**壁画には生理についての図と、学校に通い続けようという呼びかけ、そして生理用品の使い方が描かれています。

Whisperは25の州で地元アーティストと協力し、現地の文化と言語で壁画をつくりました。インドでは約460もの言語が使われていると言われます。紙幣の金額は15の言語で書かれています。**こうした多言語・多文化国家にあって、地域の**

---

78. カンヌライオンズ公式サイトより引用
79. PubMed掲載論文「Menstrual Hygiene Preparedness Among Schools in India（インドの学校における月経衛生対策）」

特性を活かした壁画のメッセージ性は絶大なものがあったでしょう。壁画であれば、学校に行けない少女の目に触れる機会もあります。オープンな壁画になったことで、母娘で話し合うきっかけにもなり得ます。壁画はテレビで取り上げられ、インフルエンサー達によって拡散されることで、地域を超えて話題が広がりました。また、Whisperのパッケージや売り場にも使われました。

インドの性教育に欠けているチャプターを、ブランドが補完したのです。

もちろん、Whisperの広告としても、絶大な効果がありました。「The Missing Chapter」はソーシャルメディアで例年の2倍になる1300万リーチを記録。目標を上回る250万パックが売れたと報告されています。[80]

09. インドが生んだヒーロー「パッドマン」

ジェンダー同様、セクシュアリティも女性にまつわるトピックが多くなります。現代社会において、女性の権利が男性に比べて軽んじられているからです。男性読者の方は、他人事に感じてしまったかもしれません。しかし、セクシュアリ

---

80. カンヌライオンズ公式サイトより引用

ティは女性だけの問題ではなく、人間の問題です。男性の参加なくして、女性のセクシュアリティの権利は実現できません。

　アルナーチャラム・ムルガナンダムというインドの社会起業家がいます。**安価に生理用ナプキンを製作する機器を発明し、貧しい地域に暮らす女性たちに提供している男性です。**2014年には、『タイム』誌の「世界で最も影響力のある100人」に選ばれました。2016年にはインド政府からパドマ・シュリー勲章を授与されるなど、その功績は世界中で高く評価されています。

　ムルガナンダムが生理用ナプキンを安価で作ろうと思い立ったきっかけは、妻・シャンティの生理でした。ムルガナンダムは妻が、彼自身の言葉を借りれば「バイクを拭くのにも使わないような汚い布」を手にしているのを目にします。それは何かと聞いても、妻は「あなたには関係ない」と言って、教えてくれません。妻はその布を生理用ナプキン代わりに使っていたのです。「私が生理用ナプキンを使いだしたら、ミルク代が払えなくなる」というのが、その理由です。

　そこでムルガナンダムは、生理用品の自作を思いつきます。しかし、自分は男性なので、実際に使うことはできません。そこで妻のシャンティに使ってみるよう頼んだのですが、断られてしまいます。**しかたなく彼は自分自身でナプキンを試**

第6章「セクシュアリティ」

215

してみることにしました。動物の血を使い、歩く時や自転車に乗る時、しゃがんだ時など、あらゆる姿勢でナプキンが機能するかどうかを試したのです。ナプキンを使った5日間を、彼は決して忘れないと話しています。「じめじめして、ぐちゃぐちゃで、ひどい毎日でした。これまで出会ったすべての女性たちにひれ伏したい気持ちになったんです」。

その後もムルガナンダムは苦労を重ねて、4年という歳月をかけて生理用ナプキン製作機の開発に成功しました。企業からの商業化の誘いも断り、地方の貧しい女性たちの間に製作機を普及させています。2012年の時点でインド国内の23州で使用されており、インド国外の6ヶ国で630台が設置されているそうです。[81]

妻のシャンティがムルガナンダムのナプキンを使わなかった背景には、生理をタブー、恥とするインドの社会事情があります。そのため、シャンティは夫の製作機開発そのものを快く思っておらず、離婚通知を送ったことすらあったそうです。もともと愛する妻のために始めたプロジェクトなのに、皮肉な話です。

「誰が水を発見したのか知らないが、魚でないことだけはわかる」 という言葉があります。ある問題の当事者や被害者

---

81. アルナーチャラム・ムルガナンダムによるTEDスピーチ「How I started a sanitary napkin revolution!（どうやって私は生理用ナプキン革命をはじめたか）」

が、問題を問題として認識するのは難しいのです。だからこそ女性の問題を解決するには、男性の参加が欠かせません。

ムルガナンダムの物語は『**パッドマン　5億人の女性を救った男**』というタイトルで2018年に映画化されています。バットマンにちなんだタイトルも納得の、実在のヒーローが主人公の映画と言えるでしょう。楽しいエンターテイメント作品に仕上がっているので、ぜひ鑑賞してみてください。

10. 日本における権利としてのセクシュアリティ

最後に、日本の状況についても取り上げましょう。**残念ながら日本において、権利としてのセクシュアリティの浸透が進んでいるとは言い難いのが現状です**。とくに包括的性教育の立ち遅れは、しばしば批判されています。

日本では小学校5年生の理科の授業で、妊娠と出産について教えます。しかし、精子、卵子、受精卵は教えても、性交については教えません。中学校になると、妊娠や出産が可能な年齢に近づくことから、保健体育の授業で受精や妊娠、性感染症について教えます。ここでも、性交は取り上げられません。学習指導要領には「妊娠の経過は取り扱わないものとする」という記載があり、教育現場では「性交は扱わない」と解釈されているのです。**日本では公教育で性交を教わる機**

会が一切無いのです。一方、性感染症の予防にコンドームが有効ということは教えられるという、支離滅裂なことが起きています。

　ユネスコは包括的性教育を5歳から学ぶ方針を示しています。性教育を何歳から始めるかというのは非常にデリケートな問題であり、簡単には決められません。**確実なのは、教育でセクシュアリティを教えなくても、子ども達は他のメディアでセクシュアリティに触れる、ということです。**実際、日本人の多く、特に男性は、ポルノで初めて性交について知るのではないでしょうか。そこに「権利」という概念が絶無なのは言うまでもありません。

　そんな中、ビジネスの世界から新しい取り組みが始まっています。**その取り組みのひとつが、電通の社内横断組織「Sexology Creative Lab（SCL）」と公益財団法人1more Baby応援団が手掛ける「セクソロジー」です。**セクソロジーは、スマートフォンでアクセスできる性教育サイトです。年齢や性別を問わず、誰でも無料で、世界基準の科学的な性知識を学べることを目指しています。

　制作にあたっては、産婦人科医師、泌尿器科医師、教育学の教授など多様なバックグラウンドを持つ6人の専門家が監

---

82. 電通報2022年4月7日記事「大人のための性教育。スマホで読める性の教科書「SEXOLOGY（セクソロジー）」とは？」

修として参加しています。コンテンツのデザインはSCLのクリエイターが担当し、性教育に興味のない人にも読みやすくなるように工夫されています。[82]

　日本の政治状況を考えると、学校の性教育が変わるには長い時間がかかるでしょう。その点、企業主体の取り組みであればフットワーク軽く動けます。DoorDashやWhisperのようなブランドによる取り組みが日本でも始まれば、公教育を補完できるスケールにまで発展する可能性もあるでしょう。

　第2章で記した「政府からブランドへ」という動きは、セクシュアリティという最もパーソナルな領域でも、始まっているのです。

≫ 6章のまとめ

- セクシュアリティのあり方は社会によって決まる。
- 古代ギリシャや明治以前の日本では、セクシュアリティをポジティブにとらえていた。
- セクシュアリティがタブー視されるようになったのは、キリスト教の影響が大きい。
- 人権をOSとする現代の国際社会では、セクシュアリティも「権利」としてとらえられる。
- 女性のセクシュアリティが保護されるには、男性の協力も必要。
- 日本における権利としてのセクシュアリティの浸透には、ブランドによる取り組みが有効。

第 **7** 章

気候変動

現在、世界が直面している最大の問題のひとつが気候変動であることに、疑いの余地はありません。日本を含む世界各国で異常な猛暑が続き、洪水や山火事といった自然災害が激甚化・頻発化しています。2021年度国土交通白書によると、2019年の日本における水害被害額は約2兆1,800億円です。これは津波被害を除けば、水害被害額として統計開始以来最大の数字となっています。[83]　年によって増減はありますが明らかな増加傾向にあり、2005年と2019年を比べると約4倍の被害額になっています。

　第1章で説明した通り、広告業界でクリエイティブ・エシックスが重視されるきっかけになったのは、2007年のカンヌライオンズにおけるアル・ゴアの、地球温暖化対策への貢献を呼びかけるスピーチです。気候変動の影響で日本の保険会社が火災保険料を引き上げるなど、目の前のビジネスにも影響が現れています。**広告クリエイターやビジネスパーソンにとっても、気候変動は真正面から取り組むべき、リアルな問題です。**

　また、専門家の間では、気候変動は「脅威増幅要因」＝「Threat Multiplier」だと言われています。すでに存在する他の脅威をより増幅させる、という意味です。第4章で取り上げた「ジェンダー」を例に見てみましょう。**自然災害では、女性は男性と比較してより大きな被害を受けることがわかっています。**

・自然災害時に女性が死亡する確率は、男性よりも最大で14倍も高い。[84]

・気候変動によって難民化した人々の80%が女性。[85]

・1991年にバングラデシュで発生したサイクロンでは、女性は泳ぎを教わる文化がなかったため、20〜40代で女性の死者数は男性の約5倍だった。[86]

・世界の貧困人口の約70%は女性[87]のため、自然災害で地域が壊滅的な被害を受けた後では女性の方がより社会復帰しづらい。

・自然災害発生時には、レイプ、女性と子どもの人身売買、妊産婦死亡率、家庭内暴力のすべてが増加傾向にある。[88]

　つまり気候変動が進めば進むほど、ジェンダー平等も遠のくのです。

　これはジェンダーに限った話ではありません。**NHKの調査によると、東日本大震災における障害者の死亡率は健常者の約2倍でした。**[89]　災害が多い日本では、さまざまな防災対策が行われています。しかしその多くで、障害者は「いない

83.「2021年度国土交通白書」第I部第1章第1節「現在直面する危機」

84. The Sydney Morning Herald 2015年11月20日記事「Women more likely to die in natural disasters（女性の方が自然災害での死亡率が高い）」

85. BBC 2018年3月8日記事「Climate change 'impacts women more than men'（気候変動は男性よりも女性に影響大）」

86. 日経クロスウーマン2022年8月31日記事「災害被害にジェンダー課題が密接につながる理由」

87. 国連開発計画[UNDP]「人間開発報告書」（1995年）

88. 国際医療福祉大学学会誌 第26巻2号（2021）「災害が女性に対する暴力にもたらす影響」

89. NHK防災2024年7月12日記事「東日本大震災における障害者の死亡率（2012年9月5日）」

こと」にされてしまいがちです。小学校で、地震時に机の下に入る訓練をしたことがある人は多いと思います。しかし、これは車椅子の人には不可能です。ただでさえトイレが不足しがちな避難所で、多機能トイレが無いこともあるでしょう。「大声を出す娘の口をガムテープでふさごうと思った」これは知的障害のある娘と一緒に避難所に身を寄せていた家族が残した言葉です。その後、この家族は避難所を離れることを余儀なくされました。[90]

社会的に弱い立場にいる人々は、気候変動でこれまで以上に人権侵害を受けやすくなります。**気候変動対策は、世界を今より良い場所にするための「前提」なのです。**

そこで本章では現在、国際的にどのような体制で気候変動対策が行われているのを紹介した上で、その中でビジネスが果たす役割について説明していきます。

01. 国連気候変動 枠組条約締約国会議（COP）

2024年11月にアゼルバイジャンで開催されたCOP29では、先進国から途上国に、2035年までに年3千億ドル（約45兆円）

---

90. ヘラルボニー「#障害者を消さない」ウェブサイトより

の気候資金を出すことが合意されました。また、官民あわせて1.3兆ドル（約200兆円）への投資拡大を呼びかけることが決定され、「化石燃料からの脱却」などを含むCOP18での成果が再確認されました（**先進国が途上国に支援をする背景には、温室効果ガスの大半が先進国から排出される一方、その結果として起きる気候変動被害は途上国ほど大きくなる、という不公平があります**。これを正すという意味で、最近は「**気候正義**」という言葉も使われるようになっています）。

COPとは、「Conference of the Parties」＝「締約国会議」の略です。多くの国際条約で、加盟国の最高決定機関として設置されています。気候変動対策が話し合われるのは、国連気候変動枠組条約のCOPです。

COPの歴史は、1992年にリオデジャネイロで開催された**地球サミット**にさかのぼります。気候変動、オゾン層の破壊、熱帯林の破壊といった環境問題の深刻化が指摘され始めた時期です。世界規模での早急な対策を取るために、地球サミットは開催されました。本サミットで採択され、1994年に発効したのが、先述の**国連気候変動枠組条約**です。条約が発効した翌年の1995年からCOPが定期的に開催されるようになりました。

1997年に開催されたCOP3では、**京都議定書**が採択されました。**先進国が温室効果ガスの排出量を削減することを約束**

する、国際的な枠組みです。この議定書は、先進国が2012年までに排出量削減の目標を設定することを求める内容でした。

　2015年のCOP21では、京都議定書に代わるものとして**パリ協定**が採択されました。パリ協定は気候変動に関する、初の法的拘束力のある国際的な条約です。**2020年以降の世界の平均気温上昇を産業革命以前に比べて2度より低く、1.5度に抑えるよう努力する**ことが決まりました。

　1.5度という数字は、平均気温が1.5度上昇すると極端な高温や大雨の頻度が大幅に増加するというIPCC（気候変動に関する政府間パネル）**の1.5℃特別報告書に基づいて決められました。**具体的には、50年に一度の高温が8.6倍、10年に一度の大雨が1.5倍になるとされています。2度上昇した場合はさらに深刻で、それぞれ13.9倍、1.7倍になると予測されています。

　IPCCは気温上昇を約1.5度に抑えるためには、2030年までに2010年比で世界全体のCO_2排出量を約45%削減し、2050年前後には正味ゼロにすることが必要だとしています。これを受けて2020年10月、日本政府は「2050年までに、温室効果ガスの排出を全体としてゼロにする、すなわち2050年カーボンニュートラル、脱炭素社会の実現を目指す」ことを宣言しました。多くの企業も、カーボンニュートラルの期限を定めています。**脱炭素は国や企業による個別の取り組みではな**

226

く、官民一体となった世界的な潮流なのです。

02. 気候変動訴訟

　2021年に発表されたIPCCの第6次評価報告書では「**人間の影響が大気、海洋及び陸域を温暖化させてきたことには疑う余地がない**」と明記されました。**この時点で年限をともなうカーボンニュートラル達成を宣言する国は125ヶ国を超えていましたが、宣言に法的拘束力はありません。**さらに、各国の温室効果ガス削減目標が1.5度目標や2.5度目標達成につながらない内容であることもたびたびありました。そこで、目標達成を政府に義務付けるために多くの国で活用されてきた手法が、「**気候変動訴訟**」です。

　国連環境計画（UNEP）は気候変動訴訟を「気候変動に対する緩和、適応及び気候科学に関する法または事実を主要な争点とする訴訟」と定義しています。訴訟である以上、訴えには法的な根拠が必要です。そこで用いられたのが「**気候変動は人権侵害であり、人権を保護するために阻止ないし緩和しなければいけない**」というロジックです。気候変動は人の生命や健康を脅かします。社会的に弱い立場の人ほど、その影響を大きく受けます。**気候変動は人権問題として世界各国で議論が進められているのです。**第3章で記した通り「人権は国際社会のOS」であることが、ここでもわかります。

気候変動訴訟の主要なデータベースであるSabin center databaseによると、2024年11月現在、アメリカで1884件、アメリカ以外の国で972件が提起されています。訴訟の内容は多岐に渡りますが、人権問題が争点になった代表例として、ここでは2013年にオランダの環境保護団体Urgenda財団がオランダ政府を相手に提起した訴訟を紹介します。

　当時、オランダは2020年までに対1990年比で30%という従来掲げていた温室効果ガス削減目標を20%に引き下げました。これを受けてUrgenda財団は40%、少なくとも25%への目標値の引き上げを命じる判決を裁判所に求めて、民事不法行為に基づく訴えを提訴したのです。**Urgenda財団の主張は、欧州人権条約第2条「生命に対する権利」と、第8条「私生活および家族生活が尊重される権利」が侵害されたというものです。**最高裁判所はおおむねこの主張を認め、オランダ政府に対し25%の排出削減を実現するための措置を講じるよう、一国の裁判所として初めて政府に命じました。[91]

　世界各国で気候変動訴訟が続く状況を受けて、2021年10月、国連人権理事会は「**安全でクリーンで健康的で持続的な環境への権利**」決議を採択しました。その後の2022年7月、**国連総会は「クリーンで健康、かつ持続可能な環境へのアクセスは普遍的人権である」**とする宣言を賛成161、棄権8で採択しました。

この宣言について、アントニオ・グテーレス国連事務総長は次のようにコメントしています。[92]

> 今回の決議は、環境に関する不公正を軽減し、保護の格差を埋め、人々、特に環境に対する人権擁護者や子ども、若者、女性、先住民といった脆弱な立場に置かれた人々をエンパワーメントする一助となるでしょう。そして、各国政府が環境権と人権に対する義務と誓約の実施を加速する助けにもなるでしょう。

気候変動訴訟を「政府vs活動家」のような対立構図でとらえてしまうと、本質が見えなくなります。近いのは、先に紹介したパラリンピックCMとジャーナリズムの関係です。**批判を受けて問題点が改善されることで、世界が少しずつ良くなっていくのです。**

2022年7月の宣言について、ミチェル・バチェレ国連人権高等弁務官は**「経済政策とビジネスモデルに対する極めて重要なガードレールになる」**と説明しています。[93] **COPや気候変動訴訟、国連などを通して、国際的な議論が行われる。それを受けて、ビジネスの世界でも様々な取り組みが行われるようになる。世界の気候変動対策は、このようなフローで**

---

91. 環境法政策学会誌（第26号2023年6月）掲載論文「人権が問題とされる気候変動訴訟においてカーボンニュートラルが持つ意味合い」
92・93. UN News2022年7月28日記事「Climate and Environment（気候と環境）」

動いているのです。

　次からは具体的な取り組みを見ていきましょう。まずは政治の世界における議論喚起や意思決定を、ビジネスがサポートした事例です。

03. ツバル政府「The First Digital Nation」(2022)

　ツバルは南太平洋に位置する島嶼国です。東京都品川区とほぼ同じ約26平方キロメートルの国土に、2022年時点で11,310人が暮らしています。[94] **ツバルの温室効果ガス排出量は、世界全体のわずか0.000005%未満です。**[95] にもかかわらず、気候変動の影響を最も深刻に受ける国の一つになっています。**今のスピードで海面上昇が進むと、2050年までに国土が完全に水没してしまうと言われているのです。**[96]

　ツバルのような国を支援するために、2022年11月に開催されたCOP27では「ロス＆ダメージ」基金の設立が合意されました。その名前の通り、気候変動が原因で生じた損失や被害に対処するための基金です。同会議では、ツバルから法務・通信・外務大臣（当時）であるサイモン・コフェのスピ

---

94. 外務省ウェブサイト
95. 特定非営利活動法人Tuvalu Overviewウェブサイト
96. カンヌライオンズ公式サイトより引用

ーチ映像も公開されました。その内容は驚くべきものでした。映像は、演説台に立つコフェ大臣の姿で幕を開けます。大臣の後ろに広がる背景は、熱帯植物と白いビーチです。南国リゾートのような美しい風景ですが、大臣は重い表情をしています。さらに、画面のところどころにグリッチが入り始めます。カメラがゆっくりズームアウトしていくと、大臣がいるのは本物の島ではなく、CGでつくられたバーチャル・リアリティ空間であることが明らかになります。**そこで大臣は、ツバルはメタバース上で世界初のデジタル国家になるという宣言をしたのです。**

現在の国際法では、領土があることが国家の条件として定められています。**水没して領土が失われると領海や国連での投票権、オリンピックやパラリンピックといった国際的イベントへの出場権**なども、**すべて失われてしまいます。**こうした事態を防ぐために、**ツバルは領土をメタバース上で再現したのです。**領土だけではなく、文化的記録や行政サービスなど国家の持つ様々なデータが、順次クラウド上にデータとし

てアップロードされていきます。発表時点で9ヶ国がツバル
のデジタル国家としての主権を承認しました。

　ツバルはこの取り組みを「気候変動への実践的な適応策」
としています。しかし本当に水没してしまったら、メタバー
スでデジタル国家と認められても意味がありません。本当の
目的は世界的な注目を集めることで議論を喚起し、各国に気
候変動を止めるための行動を促すことにあります。「The
First Digital Nation」は359のメディアに取り上げられ、20
億人以上にリーチしました。大成功と言っていい結果です。**97**

　メタバースの活用そのものは、この時期の広告業界のトレ
ンドで、目新しいものではありません。「**The First Digital
Nation**」**の斬新さは、発信主体が国家であることと、発信
の場がCOPであること**という2点にあります。アクセンチュ
ア ソング傘下の広告クリエイティブ・エージェンシーThe
Monkeysがクリエイティブを担当しています。**国際政治の
世論形成に、広告クリエイティブのノウハウが使われたので
す。**

　しかし、話題作りだけでは十分とは言えません。真に必要
なのは、気候変動を止めるための具体的なアクションです。
そして実際に、広告クリエイティブを通じてそのような行動

---

97. カンヌライオンズ公式サイトより引用

を促進した成功事例が生まれています。

04. Solar Impulse Foundation 「Prêt à Voter」(2022)

第2章で、当初は単体で社会課題解決に取り組んでいた非営利団体が、2000年代半ばくらいから企業とのコラボレーションを行うようになったという、クリエイティブ・エシックスの時代にいたるまでの歴史を説明しました。気候変動対策でも、同じことが起きています。

「Prêt à Voter」は、2022年にフランスで非営利団体のSolar Impulse Foundationが広告クリエイティブ・エージェンシーのPublicis Consellと行ったキャンペーンです。日本語に訳すと、「投票する準備はできた」という意味になります。既製服を意味する「Prêt à Porter (プレタポルテ)」をもじった言葉遊びです。**キャンペーンの内容は、気候変動対策を実施するための様々な法案を一冊の書籍にまとめ議員に配布した、というものです。**

気候変動には「温室効果ガスを削減する」という明確な解決方法があるため、技術的にはそれほど困難ではありません。しかし、いざ実施するとなると、膨大な量の利害調整をする必要があり、さまざまな壁が立ちはだかります。その中でも最大のもののひとつが「法律」です。多くの法律は気候変動

が顕在化する前に成立しているため、現状にそぐわないものが少なくないのです。Solar Impulse Foundationは気候変動対策のさまざまなアイデアを持っていましたが、現行の法律にそぐわないため実施できないでいました。そこで法律を変えるために行われたキャンペーンが、「Prêt à Voter」です。

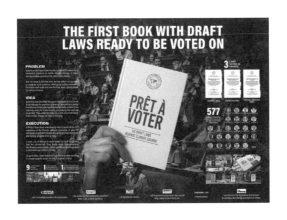

「Prêt à Voter」の書籍には、法律と科学の専門家により法案化された、50の気候変動対策のアイデアが掲載されました。そして、すぐに議会での議論に使えるように、577名の議員に送付されました。書籍は気候変動に詳しくない議員にも読んでもらうために、美術書のように美しくデザインされ、わかりやすく書かれています。法案が成立するためには、世論のバックアップも欠かせません。そこで、「Prêt à Voter」キャンペーンを紹介する屋外広告も実施されました。キャッチフレーズは「**気候が変わるなら、法律も変わるべきだ**」です。キャンペーンの結果、「浮体式太陽光発電」と「農地のエネルギー供給利用」、「地熱エネルギー」という3つの法案が、

ほぼ原案通りに採択されました。

「Prêt à Voter」は、クリエイティブ・エシックスの時代における政府とビジネスの関係を考える上で、ロールモデルとなるキャンペーンです。第2章で記した通り現在、世界的に政府の力が落ちてきていますが、私たちが暮らす社会の土台を作る重要な存在であることは、今後も変わることはありません。しかし、時代の変化に迅速に対応したり、アイデアをわかりやすい形で提示したりするのは、もともと政府の苦手分野です。そこに広告クリエイターやビジネスパーソンの能力が求められるのです。

政府や環境保護団体と企業のコラボレーションが活発になる一方、ブランド単体での取り組みも盛んになっています。

05. Suncorp「One House to Save Many」(2022)

過去20年間に発生したカテゴリー5のサイクロン数は、その前の100年間よりも多いというデータがあります。[98] 洪水や山火事の発生件数も増えています。このような気候変動による自然災害により大きな被害を受けている国のひとつが、オーストラリアです。2019年末から2020年にかけて発生し

---

98. 本節のデータは全てカンヌライオンズ公式サイトより引用

た山火事による焼失面積は、ポルトガルの国土を上回りました。2020年だけで被害を受けた住宅の数は13万4千戸にのぼります。

問題は、オーストラリアの建築基準法にあります。多くの住宅は頻発する過酷な自然災害に耐えられる設計になっていないのです。さらに、被災後の再建時にも同様の設計が採用されるので、新たな災害に対して同じリスクを抱えることになってしまいます。災害関連予算の97%が修復と再建に費やされ、予防に費やされるのはわずか3%です。これではきりがありません。

そこでオーストラリアの保険会社Suncorpがつくったのが、科学に基づいてサイクロンと洪水、山火事に耐えるように設計された世界で初めての住宅「One House」です。

「One House」の設計と建築のために、オーストラリア連邦科学産業研究機構CSIRO、ジェームズ・クック大学、建

築事務所のRoom 11 Architects から専門家たちが集結。山火事から住宅を保護するメッシュスクリーン、洪水の流れをそらすための擁壁、サイクロン被害を軽減する空気圧開放構造などが開発されました。数多くの受賞経験を誇るRoom 11 Architectsによる、美しいデザインも目を引きます。

「One House」はモデルハウスとして作られたもので、実際に販売されたわけではありません。しかし、プロジェクトの様子は全国的な広告キャンペーンやドキュメンタリー番組を通して紹介されました。得られた知見は誰もが利用できるようウェブで公開され、政府機関や建築会社にも提案されました。現在、Suncorpはオーストラリア保険協会と連携して、建築基準法の改正を目指して活動しています。

ハウスメーカーや建築事務所ではなく保険会社であるSuncorpが「One House」を手掛けた背景には、保険業界が気候変動から大きな影響を受けている事実があります。自然災害が頻発するようになった結果、日本でも火災保険料が引き上げられたのは先述の通りです。オーストラリアやアメリカでは火災保険の提供から撤退する会社も出てきています。こうした状況の中で、「復興のリーダー」としてのブランドイメージを確立することが、Suncorpの狙いでした。「One House」キャンペーンの結果、Suncorpの保険の見積もり請求率は24.6%増加、市場シェアは7.3%増加しました。[99]　災害

---

99. カンヌライオンズ公式サイトより引用

237

対策であると同時に、ビジネスとしても結果を出したのです。**まさに気候変動時代のクリエイティブ・エシックスの成功例と言えます。**

　残念ながら、気候変動を完全に止められる目処は立っていません。抑止策だけではなく、暑くなった地球にどう適応して生きていくかという視点の取り組みも必要です。ここでもブランドの力が必要とされています。

06. 広告の使命は「希望の提示」

　調査会社ミンテルジャパンが2024年に実施した調査によると、日本人が「気候変動」を関心事のトップ3に挙げた割合は57％でした。これは調査対象国の中で最も高い数字です。しかし、自らの行動が「環境にポジティブな影響を与える」と回答した割合は19％と、世界平均の47％に比べて著しく低くなっています。「今、行動すればまだ間に合う」と信じている人は35％で、調査対象国中で最低となっています。また、スリーエム ジャパンの調査によると、日本の若年層（18-34歳）の13％が気候変動への関心や意見を持たないと回答しています。この数字はグローバル平均の5.1％を大きく上回っています。グレタ・トゥーンベリをはじめとした学生や若者が世界の気候変動対策のキープレイヤーであることを考えると、日本のこの傾向は異例です。

しかし、悲観的になる必要はありません。2024年8月末時点で、温室効果ガス削減目標に科学的な裏付けがあることを示すSBT（Science-based Targets）認定の取得、または取得することを約束した日本企業の数は、イギリスを抜いて世界1位となりました。アサヒグループホールディングスはエネルギー利用だけではなく、農業などの土地利用・管理における温室効果ガス排出量の短期・長期目標でも、日本企業として初めてSBT認証を取得しています。

CD・CW：橋口幸生（電通）　AD：木谷友亮（カイブツ）

先述の通り日本政府は2020年10月に国内の温室効果ガスの排出量を2050年までに実質ゼロにすると宣言。気候変動対策を制約ではなく、国の経済成長に資するものと位置づけました。この目標達成のための研究開発を行うのが、産業技術総合研究所が設置したゼロエミッション国際共同研究セン

ターです。ノーベル化学賞を受賞した吉野彰博士を所長に迎え、様々な研究に取り組んでいます。中でも注目されているのが、日本発の技術である「ペロブスカイト太陽電池」です。従来の太陽電池より薄く、軽く、柔らかいのが特徴です。これまで太陽電池の設置が難しかった場所にも導入できるものとして期待されています。

このように、日本は着実に気候変動対策を進めています。しかし、それが国民の意識や行動の変化につながっていません。このギャップを埋めることが、今、求められているのではないでしょうか。気候変動に関心が高いのに悲観的ということは、裏を返せば、日本人は希望に飢えているということです。

希望を提示する。

それは広告本来の使命でもあります。

≫≫ 7章のまとめ

❷ 世界が直面する最大の問題が、気候変動。

❷ 気候変動は「脅威増幅要因」=「Threat Multiplier」。すでに存在する他の脅威をより増幅させる。

❷ 社会的に弱い立場にいる人々は、気候変動でこれまで以上に人権侵害を受けやすくなる。

❷ 国連気候変動枠組条約の締結国会議COPで、世界各国

が気候変動対策について議論する。

❱政府による気候変動対策が不十分だとして、世界各国で気候変動訴訟が起きるようになった。

❱気候変動訴訟の影響で、国連は「クリーンで健康、かつ持続可能な環境へのアクセスは普遍的人権である」とする宣言を採択した。

❱COPや気候変動訴訟、国連などで行われた議論が、ビジネスに影響を与えている。

❱日本社会で進められている気候変動対策を、国民の意識や行動の変化につなげることに、広告は貢献できる。

第 **8** 章

バックラッシュを
超えて

ここまで書いてきた内容を、あらためてまとめましょう。「クリエイティブ・エシックス」とは、広告や映画、ドラマなどのコンテンツ全般のつくり手に求められる倫理観を指します。炎上リスクの回避にとどまらず、「世界を今より良い場所にできるか?」というマインドセットで考えることで、これまでにないアイデアや作品が生まれてくることを紹介しました。「クリエイティブ・エシックス」は、作品の質とビジネス面の結果を両立する上で欠かせない、世界的な潮流です。

映画やドラマの世界では、多様なクリエイターやキャストを起用したり、専門家の監修下で作品をつくることが当たり前になっています。そして、そうした作品が批評的にもビジネス的にも結果を出すようになっています。

広告業界では「ソーシャルグッド」という旗印のもと、利益だけではなく社会課題の解決を目指す事例が注目されています。かつてのソーシャルグッド広告は一部の先進的なブランドや非営利団体によるものでしたが、今や非営利団体とブランドが協業して、政府がカバーしてきたような領域まで手掛けるようになりました。

「クリエイティブ・エシックス」の背景にあるのは、「人権」です。人権は国連を中心とする世界秩序のベースである、いわば現代社会のOSとして機能しています。世界人権宣言第

一条には「すべての人間は、生れながらにして自由であり、かつ、尊厳と権利とについて平等である」と記されています。この宣言に基づいて、働く女性やLGBTQ+、障害者、少数民族といったマイノリティとされる人々の人権まで守られるようになってきているのが現代社会です。

ジェンダーバイアス、ルッキズム、多様なレプリゼンテーション、セクシュアリティなど、これまで当たり前とされてきたことが、人権をベースに次々と見直されています。そして、その動きをブランドが後押ししています。あらゆる社会課題解決の前提となる気候変動対策にも、官民を問わず全世界が一丸となって取り組んでいます。**こうした時代において、広告クリエイターやビジネスパーソンにも、アップデートされた倫理観が求められるようになっているのです。**

しかし、時代の流れはまっすぐ進んでいくわけではありません。近現代社会の出発点であるフランス革命を見ても、ナポレオンの帝政、ブルボン家の王政復古といった紆余曲折の後に、私たちの知る民主主義国家としてのフランスが誕生しています。

クリエイティブ・エシックスの時代が訪れた今、バックラッシュ＝反動もまた顕在化しているのです。

01. 顕在化するソーシャルメディアの負の側面

第2章で記したように、Twitterは、弱い立場の人が社会課題に声をあげやすい環境をつくりました。Twitterが無かったら、#MeTooムーブメントの成功はなかったでしょう。**しかし、今はXと改名したTwitterは、フェイクやヘイトの温床となっている側面もあります。**

また、アメリカではソーシャルメディアが未成年に及ぼす悪影響も問題になっています。全米の親たちが「**未成年の利用者が中毒になるのを知りながら、広告収益のためにAIを設計していた**」と大手IT企業を提訴したのです。約100件ある集団訴訟の中には、子どもが自殺してしまった痛ましいケースもあります。[100]

イギリスでは、反移民感情をあおる偽情報をきっかけにした暴動が発生しています。2024年7月29日、イギリス中部サウスポートで17歳の少年が次々に人を刺し、子ども3人が死亡する事件がありました。事件の直後から、「犯人はイスラム教の移民とみられる」といった偽の情報がソーシャルメディアで拡散されました。結果、各地で「反移民」や「反イスラム」を主張する暴動が発生したのです。こうした情報を広げたアカウントの1つは、およそ50万のフォロワーを持ち、1回の投稿でこれまでに680万回以上閲覧されたものもあり

246

ました。地元の警察は容疑者はイギリス生まれだと発表し、移民ではないことを明らかにしていたのにもかかわらず、です。これまでに暴動に関与したり偽情報を発信したりしたとして逮捕された人は1380人にものぼります。**事態を重くみたイギリス政府は、ソーシャルメディアへの規制強化を検討しています。**[101]

日本ではソーシャルメディアで表示される、著名人を使った偽広告が問題になっています。なりすましの被害にあった有名経営者が、運営企業を提訴するという事態も起きています。

世界各国で同時多発的にソーシャルメディアの負の側面が顕在化している以上、今後、規制が強化されるのは避けられないでしょう。ソーシャルメディアを活用したブランドの広告活動も影響を受ける可能性があります。

02. 人権のダブルスタンダード

第3章で説明した人権を中心とした国際秩序も揺らいでいます。理由は、欧米諸国の人権をめぐるダブルスタンダードです。ウクライナ戦争では欧米諸国はロシアを批判し、天然

---

100. 朝日新聞GLOBE+ 2023年12月21日記事「18歳で自死した娘　IT企業相手に立ち上がった親たち　SNSに使われるAIの責任を追及」
101. NHK NEWS WEB 2024年9月7日記事「偽情報で大規模暴動起きたイギリス SNS運営企業　規制強化の方針」

ガスの輸入停止や経済制裁といった対抗措置を取りました。しかし、ガザに侵攻するイスラエルに対しては、抑制を求めながらも兵器の輸出を続けています。

中東政治の風刺で知られるコメディアンであり、エジプト系アメリカ人であるバッセム・ユセフは、次のようにコメントをしています。[102]

> 何年もの間、西側諸国は私たちアラブ人にこう言ってきました。"私たちはリベラルです。人権が何より重要です。すべての人は平等です。私たちの価値観を受け入れなさい"。それなのに、イスラエルには"止めろ"とすら言わない。

これはアラブ系に限らず、多くの非欧米圏で暮らす人々の本音ではないでしょうか。

人権が絶対的なものではなく、場合によって適用されたりされなかったりする相対的なものであることを、世界中が目撃してしまいました。今後、利害関係の異なる国々が人権を中心にまとまることは難しくなるでしょう。

さらに、人権中心の国際秩序をリードしてきた欧米諸国の

---

102. Piers Morgan Uncensoredチャンネル動画「Piers Morgan vs Bassem Youssef Round 2 | Two-Hour Special Interview」
103. 大和総研2024年05月24日レポート「G7イタリアサミットと国際協調体制の行く末」

影響力が低下しています。G7の名目GDPは1980年代後半には世界の7割に迫っていたものの、現在は4割台にまで低下しています。人口シェアでは、世界のわずか10%です。[103] 一方、「グローバルサウス」と言われる、南半球に多いアジアやアフリカなどの新興国の存在感が増しています。良くも悪くも欧米先進国を「お手本」にできた時代が終わりつつあるのです。

03. それでも、人権は国際社会のOSであり続ける

しかし、このような世界情勢下にあっても、私たちは「世界を今より良い場所にすること」を諦めるべきではありません。

先述の通り、人権のダブルスタンダードや偽善性は、確かに酷いものがあります。「人権なんて欧米諸国の押し付けで、普遍的なものではない」という指摘も、一理あります。しかし、そう開き直ったところで、何ひとつ良いことはありません。それでは世界が弱肉強食のジャングルだった時代に逆戻りしてしまいます。**人権侵害を批判できるのも、人権があってこそなのです。**

「人権は欧米の押し付け」というのであれば、**電気や自動車、インターネットだって欧米の押し付け**です。しかし、電気の

ある生活を止めて江戸時代に戻ろうという人はいません。**欧米の押し付けだろうと何だろうと、良いものは取り入れるべきなのです。**人権がある世界と無い世界を想像して比べてみれば、どちらが幸せか、答えは明らかだと思います。

人権という概念を生んだ欧米諸国が国際社会のリーダーである時代は、終わりつつあります。しかし、一度広まった思想が完全に消えることはありません。**これからも人権は国際社会のOSであり続けるでしょう。**そのことは、グローバルサウスのリーダーを自認するインドの広告クリエイティブにも、はっきり現れています。

洗剤ブランドのArielは、インド市場で「#ShareTheLoad」というキャンペーンを2015年から現在に至るまで続けています。#ShareTheLoad は、日本でも耳にするようになった「家事シェア」という意味です。男性の家事参加をうながし、女性の負担を減らすことを訴えているのです。CMでは毎回、女性が洗濯や掃除で忙しくする中、お茶を飲んでくつろぐ男性が批判的に描かれます。2023年に公開された最新作「Silent Separation」には、シニア世代の夫婦が登場しました。長年、すべての家事をこなしてきた妻が夫に愛想を尽かし、家庭内別居状態になってしまう、というストーリーです。**CMは14億インプレッションを記録するヒット作となり、Arielの売上高は前年比で35%増加しました。**[104] アメリカのブランドであるArielのジェンダー平等を訴えるCMが、インド市場

でも支持されているのです。この流れは他のグローバルサウス諸国にも広がっていくでしょう。

04. 日本も、クリエイティブ・エシックスの時代へ

哲学者のマルクス・ガブリエルが提唱する「**倫理資本主義**」という考え方が注目されています。[105]

> ノーベル賞経済学者のミルトン・フリードマンの「企業の目的は利益追求である」という有名なキャッチフレーズに背を向け、今こそギアチェンジするときだ。企業の目的は善行であり、また善行によって利益を得ることである、と。
>
> ここで、世の中に存在するすべての会社が、自らのビジネスモデルが引き起こす可能性のある巻き添え被害を吟味し、どうすれば消費者行動に好ましい影響を与え、それによって社会的変化を起こすことができるか研究するのに相当な資金を投資すると想像してみよう。それは収益を拡大させるだけでなく、より良い世界を生み出すはずだ。

本書のクリエイティブ・エシックスという言葉も、倫理資本主義＝エシカル・キャピタリズムにヒントを得ています。

---

104. カンヌライオンズ公式サイトより引用
105. マルクス・ガブリエル著『倫理資本主義の時代』（早川書房、2024年）

毎日のニュースだけを見ていると、世界はどんどん悪くなっているような印象を受けます。しかし、しかし、2018年に刊行され世界で大ヒットした『FACTFULNESS』で書かれていたように、実際にはこの20年で多くの問題は改善しているのです。極度の貧困下で暮らす人は年々、減っています。現在、低所得国に住んでいるのは、世界人口の9%と言われています。[106]　あなたが想像するより、ずっと少なかったのではないでしょうか（同書によれば、この問題への平均回答は59%でした）。だからと言って、ただ単に楽天的になるのも間違っています。**今、求められているのは「後退することもあるけれど、長い目で見れば、世界は良い場所になっている。その流れを止めるのではなく、進めなくてはいけない」という、冷静かつポジティブな態度ではないでしょうか。**

本章では海外事例を中心に取り上げたため、クリエイティブ・エシックスをまだ少し遠い世界の話と感じられたかもしれません。しかし、今の時代どこの国であっても、世界の流れと無関係でいることはできません。**私は日本こそ、クリエイティブ・エシックスがもっとも大きなポテンシャルを持っている国だと考えています。**理由は、国民の意見を拾いきれていない日本の政治状況にあります。

2024年10月29日、国連の女性差別撤廃委員会は日本の女性政策について最終見解を公表しました。その中で夫婦同姓を義務付ける民法の規定を見直し、選択的夫婦別姓を導入す

るよう勧告したのです。多くの世論調査でも、選択的夫婦別姓は賛成が反対を大きく上回ります。しかし、残念ながら政府が応じる気配はありません。日本はG7の中で唯一、同性婚や婚姻と同等の権利を保障するパートナーシップ制度を導入していない国でもあります。しかし、やはり多くの世論調査で、同性婚は賛成多数となっています。

日本人はジェンダー平等を求め、性的マイノリティの権利を重んじる、進歩的で寛容な国民なのです。しかし、政治にこうした民意が反映されにくくなっています。

この点で、私はビジネスに希望を見出しています。**政治が応えられない民意に、ビジネスが応えることができるからです。**2024年6月10日、経団連は選択的夫婦別姓制度の早期実現を求める政府への提言を発表しました。企業では結婚後も旧姓を通称として使用することが定着していますが、提言は通称使用によるトラブル（契約・手続き時や海外渡航時に起きる問題など）が「企業にとっても、ビジネス上のリスクとなり得る事象であり、企業経営の視点からも無視できない重大な課題」だと指摘しています。[107]

その他の領域でも、クリエイティブ・エシックスに基づい

106.『FACTFULNESS　10の思い込みを乗り越え、データを基に世界を正しく見る習慣』ハンス・ロスリング／オーラ・ロスリング／アンナ・ロスリング・ロンランド 著（日経BP、2019年）
107. 朝日新聞SDGs ACTION! 2024年6月19日記事「経団連、選択的夫婦別姓の実現を政府に提言 『旧姓の通称使用、ビジネス上のリスクに』」

たビジネスが広がっています。**ヘラルボニーは、主に知的障害のあるアーティストの作品を扱う会社です。**アーティストとライセンス契約を結び自社ブランドの商品を制作・販売したり、企業とコラボレーションしたりすることで、障害のイメージを変えることに挑戦しています。タイアップしている企業は年間100社以上で、誰もが知る大企業も多く含まれます。これまで知的障害のあるアーティストの作品は、福祉の領域で語られがちでした。時に「アール・ブリュット（生の芸術）」という名前で呼ばれ、高額がつく作品もあったものの、熱心な愛好家以外に知られているとは言い難い状態でした。ヘラルボニーは知的障害のあるアーティストの作品を、多くの人にとって身近なものにしたのです。その結果として、ビジネスとして大きな成功を収めています。LVMH モエ ヘネシー・ルイ ヴィトン主催の「LVMHイノベーションアワード 2024」の「従業員体験とダイバーシティ＆インクルージョン」部門で、日本企業としては初めて受賞。2024年7月にはヨーロッパ法人を設立しています（本書の表紙カバーのアートワークは、ヘラルボニーの契約作家である大路裕也さんによるものです）。

　ここで私自身の取り組みも紹介します。第5章で紹介した障害者マーケティングを手掛けるPurple Goat Agencyのように、近年、DEI領域に特化した広告やマーケティングの会社が登場しています。日本にもそうした組織をつくるべく、「ボーダーレス・クリエイティブ」というチームを電通社内に立ち上げました。これまでの広告はコピーライターやアー

トディレクターなど、広告を専門的に手掛けるクリエイターによって作られてきました。しかし、広告業界の内輪の感覚だけで作られた広告は、クリエイティブ・エシックスが欠けたものになりがちです。これは広告炎上が絶えない一因でもあります。**ボーダーレス・クリエイティブでは、社外の専門家や当事者が、アートディレクターやコピーライターと同じレイヤーで広告制作に参加する体制を整えました。クリエイティブ・エシックスに基づいた広告を、持続的に制作することを目指しています。**また、ビジネスパーソンがクリエイティブ・エシックスを学ぶための講座も開催しています。

DEI consultancy

BORDERLESS CREATIVE

　良くも悪くも思想や観念を無視できない政治と違い、ビジネスは現実が全てです。現実が変わっている上、対応しないわけにはいかないのです。

　また、マイノリティの権利を重んじても、マジョリティが損をすることはありません。ノンステップバスは高齢者や障害者のために開発されたものですが、段差が無い方が乗り降りしやすいのは誰でも同じです。社会は弱い立場の人にあわせて作られた方が、全ての人の生きやすさにつながるのです。

　現代社会では価値観が凄いスピードで変化します。残念な

がら日本の民主主義のシステムは、それに追いついていません。第2章で書いた通り、政府の力が落ちる一方、ブランドの存在感が増しているのは世界的な潮流ですが、日本では特に顕著です。ここに最大のビジネス・チャンスがあります。**新しい価値観の萌芽をとらえ、ブランドに提案し、形にする。そして、日本をふくむ世界を、今より良い場所に変えてゆく。そんなクリエイティブ・エシックスが、これからの広告やマーケティングに欠かせないものになるでしょう。**

　広告クリエイターやビジネス・パーソンであるあなたが、世界を今より良い場所に変える原動力となる。

　それが、クリエイティブ・エシックスの時代なのです。

おわりに

「冷笑」から「エシックス」へ

　「現代社会は変化のスピードが速い」…というようなことが、よく言われます。しかし、私が大学生の時や社会人になったばかりの頃も、「変化の時代だ」と騒がれていました。いつの時代も社会は変化しており、人々はついて行くのに必死なのでしょう。

　ただ、90年代半ばにインターネットが普及して以降の変化のスピードは年々加速し、過去に類のないレベルに達していることは、間違いないように思います。

　AIをはじめテクノロジーによるイノベーションが、毎日のように起きています。政治の世界は不安定化し、かつては考えられなかった極端な主張が支持されるようになりました。ビジネスの現場ではすべてが数値化され、PDCAが回されます。次々と突きつけられる目の前の現実に、うんざりしている人も多いのではないでしょうか。

　「冷笑」は、そんな時代を象徴する態度です。激変する現実への価値判断を放棄し、ただただ、現実を受け入れる。そ

して、現実をポジティブに変えようと努力する人を嘲笑する。冷笑家たちは今や人気者で、大きな影響力を持つようになっています。

　そんな冷笑の時代を象徴するキャラクターがいます。「ジョーカー」です。アメリカン・コミックスのヒーロー、バットマンの宿敵ですが、今やバットマン以上の人気を誇っています。2019年には『ジョーカー』という単独映画が作られ、日本を含む世界中で大ヒットしました。ジョーカーは様々なコミックスや映画に登場していますが、その本質が最も端的に表現されていたのが、映画『ダークナイト』(2008) に登場するジョーカーです。夭折した俳優ヒース・レジャーが演じ、アカデミー賞助演男優賞を受賞しました。

　『ダークナイト』でジョーカーは、こう語ります。

俺に計画があるように見えるか？　俺は車を追いかける犬と同じだ。追いついたらどうするかなんて考えちゃいない。わかるか？　俺はただ、やるだけなんだよ。

マフィアどもは計画する。警察も計画する。
（中略）
やつらは陰謀家なんだ。自分たちのちっぽけな世界をコントロールしようとしやがる。

俺は陰謀家じゃない。**物事をコントロールしようとするのがいかに惨めなことか、陰謀家どもに見せつけてやるのさ。**

おわりに

ソーシャルメディアや世界中の選挙でこのような人物が支持されるのを、私たちは目撃してきました。理想を抱く人を冷笑することは、確かに痛快かもしれません。しかし、そんな人だらけの社会がまともに機能するはずはありません。どんな人気者でも、ジョーカーは悪役です。人々を苦しめ、社会を堕落させる存在です。**そしてコミックスや映画ではなく、現実に存在するジョーカーたちに立ち向かうために必要なものが、「エシックス（倫理観）」なのです。**

エシックスに照らし合わせて価値判断をすることには、労力がともないます。恥をかき、笑われることもあるでしょう。**しかし、実際に社会を動かし、少しずつ世界を前進させてきたのは、いつだってエシックスのある人々なのです。**本書で紹介してきたクリエイティブ・エシックスの成功事例を見てきたあなたであれば、きっと同じように思われたことでしょう。

本書がジョーカーではなく、エシックスを持った「ヒーロー」として生きようとする人が増える小さなきっかけになったら、筆者としてこれ以上にうれしいことはありません。

執筆にあたっては、たくさんの方に力を貸していただきま

した。著者の私以上に私の文章を深く理解されている宣伝会議の編集者、刀田聡子さん。すばらしいアートを使用させていただいたヘラルボニーの皆様と、アーティストの大路裕也さん。人権の専門家として本書を監修していただいた趙正美さんと、SRHRパートを監修していただいた福田和子さん。ありがとうございました。

「世界を今より良い場所にしたい」と自分が思う理由である妻と子どもたちにも、感謝しています。そして両親と、弟にも。ただおもしろいことよりエシックスを重んじる自分の人生観は、両親と弟によってつちかわれたものです。

そして、この本を最後まで読んでくださった、あなたに。本当にありがとうございます。**私たちは著者と読者という関係を超えた、「クリエイティブ・エシックス」の下に集った「同志」だと思っています。**

いつか、どこかでお会いしましょう。

そして、世界を今より良い場所にするために、ともに力を合わせましょう。

参考文献・資料

〈 クリエイティブ・エシックス全般 〉

- カール・ローズ著『WOKE CAPITALISM「意識高い系」資本主義が民主主義を滅ぼす』(東洋経済新報社、2023年)
- カイル・ブキャナン著『マッドマックス 怒りのデス・ロード　口述記録集　血と汗と鉄にまみれた完成までのデス・ロード』(竹書房、2023年)
- 杉山恒太郎著『広告の仕事 広告と社会、希望について』(光文社新書、2022年)
- 竹下隆一郎著『SDGsがひらくビジネス新時代』(ちくま新書、2021年)
- 千葉雅也著『現代思想入門』(講談社現代新書、2022年)
- ハンス・ロスリングほか著『FACTFULNESS 10の思い込みを乗り越え、データを基に世界を正しく見る習慣』(日経BP、2019年)
- フィリップ・コトラーほか著『コトラーのマーケティング3.0　ソーシャル・メディア時代の新法則』(朝日新聞出版、2010年)
- ヘイミシュ・マクレイ著『2050年の世界 見えない未来の考え方』(日本経済新聞出版、2023年)
- マルクス・ガブリエル著『倫理資本主義の時代』(ハヤカワ新書、2024年)
- 御子柴善之著『自分で考える勇気　カント哲学入門』(岩波ジュニア新書、2015年)
- 山口 周著『世界のエリートはなぜ「美意識」を鍛えるのか？　経営における「アート」と「サイエンス」』(光文社新書、2017年)

〈 広告クリエイティブの歴史 〉

- オリビエーロ・トスカーニ著『広告は私たちに微笑みかける死体』(紀伊國屋書店、1997年)
- ジョージ・ロイス著『世界を変えた伝説の広告マンが語る 大胆不敵なクリエイティブ・アドバイス』(青幻舎、2012年)
- 杉山恒太郎著『アイデアの発見 杉山恒太郎が目撃した、世界を変えた広告50選』(インプレス、2018年)
- 杉山恒太郎著『世界を変えたブランド広告』(日本経済新聞出版、2022年)
- 月刊『ブレーン』2018年9月号ほか（宣伝会議）

〈 人権 〉

- 安達正勝著『物語 フランス革命 バスチーユ陥落からナポレオン戴冠まで』(中公新書、2008年)
- 角川歴彦著『人間の証明 勾留226日と私の生存権について』(リトルモア、2015年)
- 西 愛礼著『冤罪 なぜ人は間違えるのか』(インターナショナル新書、2024年)
- 山岸 忍著『負けへんで！東証一部上場企業社長vs地検特捜部』(文藝春秋、2023年)

〈 ジェンダー 〉

- 太田啓子著『これからの男の子たちへ「男らしさ」から自由になるためのレッスン』（大月書店、2020年）
- 多賀太著『ジェンダーで読み解く男性の働き方・暮らし方 ワーク・ライフ・バランスと持続可能な社会の発展のために』（時事通信社、2022年）
- グレイソン・ペリー著『男らしさの終焉』（フィルムアート社、2019年）

〈 多様性・障害・レプリゼンテーション 〉

- マシュー・サイド著『多様性の科学』（ディスカヴァー・トゥエンティワン、2021年）
- 岸田奈美著『家族だから愛したんじゃなくて、愛したのが家族だった』（小学館、2020年）
- 澤田智洋著『マイノリティデザイン－弱さを生かせる社会をつくろう』（ライツ社、2021年）
- ジョアンナ・ロビンソン、デイヴ・ゴンザレス、ギャヴィン・エドワーズ著『MCU 比類なき映画スタジオの驚異的〔マーベル〕な逆転物語』（フィルムアート社、2024年）

〈 セクシュアリティ 〉

- COTEN RADIO「性の歴史編」（Podcast、2021年）
- 周司あきら、高井ゆと里著『トランスジェンダー入門』（集英社新書、2023年）
- 藤子・F・不二雄著『藤子・F・不二雄SF短編コンプリート・ワークス：ミノタウロスの皿（1）』（小学館、2023年）
- 松原左京、山田昌弘著『童貞の世界史 セックスをした事がない偉人達』（パブリブ、2016年）

〈 気候変動 〉

- アル・ゴア著『不都合な真実』（実業之日本社文庫、2017年）
- アル・ゴア著『不都合な真実2』（実業之日本社、2017年）

橋口幸生
（はしぐち・ゆきお）

電通所属。クリエイティブ・ディレクター、コピーライター。代表作は伊藤忠商事「キミのなりたいものっ展？with Barbie」、世界えん罪の日新聞広告「真実は、曲げられる。」、Netflixシリーズ『三体』「YOU ARE BUGS お前たちは、虫けらだ」、ニデック「世界を動かす。未来を変える。」など。ＤＥＩ専門クリエイティブ・チームBORDERLESS CREATIVE主催。国内外の広告賞受賞多数。『言葉ダイエット メール、企画書、就職活動が変わる最強の文章術』(宣伝会議)、『100案思考「書けない」「思いつかない」「通らない」がなくなる』(マガジンハウス) 著者。Ｘフォロワー2万4千人超。趣味は映画鑑賞。
https://x.com/yukio8494

宣伝会議 の書籍

言葉からの自由
コピーライターの思考と視点

三島邦彦 著

■**本体2000円+税**　ISBN 978-4-88335-593-8

TCC賞で三冠に輝き、いまもっとも注目を集める若手コピーライター初の著書。コピーを書くこと・考えることにおいて実践してきた、さまざまな断片を集めた。コピーに対するストイックなまでのまなざしと独自のフォームのつくり方を明かす。

マーケティングの技法
The Art of Marketing

音部大輔 著

■**本体2400円+税**　ISBN 978-4-88335-529-9

メーカーやサービスなど、様々な業種・業態で使われているマーケティング活動の全体設計図「パーセプションフロー・モデル」の仕組みと使い方を解説。消費者の認識変化に着目し、マーケティングの全体最適を実現するための「技法」を説く。ダウンロード特典あり。

言葉ダイエット
メール、企画書、就職活動が変わる
最強の文章術

橋口幸生 著

■**本体1500円+税**　ISBN 978-4-88335-480-1

なぜあなたの文章は読みづらいのか。理由は「書きすぎ」、ただひとつ。伝えたい内容をあれもこれも詰め込むのではなく、無駄な要素を削ぎ落とす。「言葉のダイエット」をはじめよう。一文、一意、一文は40字以内、カタカナ語禁止など、文章を短く書くための秘訣を公開。

「欲しい」の本質
人を動かす隠れた心理
「インサイト」の見つけ方

大松孝弘、波田浩之 著

■**本体1500円+税**　ISBN 978-4-88335-420-7

ヒットを生み出したければ、ニーズを追いかけるのではなく、インサイトを見つけよう。人を動かす隠れた心理「インサイト」の定義、見つけ方に留まらず、ビジネスで生かすための実践までを豊富な事例とともに解説。

詳しい内容についてはホームページをご覧ください　www.sendenkaigi.com

宣伝会議 の書籍

君は戦略を立てることができるか
視点と考え方を実感する4時間

音部大輔 著

2017年刊行のロングセラー『なぜ「戦略」で差がつくのか。』をもとにした、大人気の戦略立案講義がついに書籍化。『戦略』を明確に定義づけ、思考の道具として使いこなすための考え方から、戦略立案のプロセスまでを網羅する。企画力、推進力を高めたい現場のマーケターから、組織に戦略思考を定着させたいマネージャーに至るまで、手元に置いておきたい1冊。

■**本体2000円＋税**　ISBN 978-4-88335-614-8

パーパスの浸透と実践
企業が成長し続けるための7つのステップ

齊藤三希子 著

近年、多くの企業がパーパスを掲げるようになった一方で、策定後の浸透に課題を抱えているところも少なくない。日本で早くからパーパス・ブランディングに取り組んできた著者が、策定と浸透の両面にわたり、パーパス実現への道のりと各過程における具体的な事例や実践的なアプローチを紹介する。

■**本体2200円＋税**　ISBN 978-4-88335-613-3

なぜ教科書通りのマーケティングはうまくいかないのか

北村陽一郎 著

ブランド認知、パーチェスファネル、カスタマージャーニー…有名なマーケティング理論やフレームを現場で使うとき、何に気をつければいいのか？「過剰な」般化」「過剰な設計」「過剰なデータ重視」の3つを軸に解説する。

■**本体2000円＋税**　ISBN 978-4-88335-599-1

広告コピーってこう書くんだ！読本
〈増補新版〉

谷山雅計 著

広告コピーのロングセラー書籍が、増補新版になってカムバック。旧版の内容に加え、デジタルやSNS時代のコピーのあり方にも触れた新テキストを増補。「人に伝わる」「伝える」広告コピーを書くためのプロのエッセンスを学べる1冊。

■**本体2000円＋税**　ISBN 978-4-88335-602-7

詳しい内容についてはホームページをご覧ください　www.sendenkaigi.com

クリエイティブ・エシックスの時代
世界の一流ブランドは倫理で成長している

発行日　2025年2月26日　初版

著者	橋口幸生
発行人	東彦弥
発行元	株式会社宣伝会議 〒107-8550 東京都港区南青山3-11-13 TEL. 03-3475-3010（代表） https://www.sendenkaigi.com/

アートディレクション	細山田光宣
デザイン	鎌内文
校正	株式会社鷗来堂
DTP	杉本千夏（Isshiki）
印刷・製本	日経印刷株式会社

ISBN 978-4-88335-620-1
©Yukio Hashiguchi 2025
Printed in Japan

本書のスキャン・コピー・デジタル化などの無断複製
は、著作権法上で認められた場合を除き、禁じられて
います。また、本書を第三者に依頼して電子データ化
することは、私的利用を含め一切認められておりませ
ん。乱丁・落丁本はお取替えいたします。